现代微商市场营销技术

徐越 编著

中国建材工业出版社

图书在版编目（CIP）数据

现代微商市场营销技术 / 徐越编著 . -- 北京 : 中国建材工业出版社 , 2016.12（2023.3重印）

ISBN 978-7-5160-1672-5

Ⅰ . ①现… Ⅱ . ①徐… Ⅲ . ①网络营销 Ⅳ . ① F713.36

中国版本图书馆 CIP 数据核字 (2016) 第 242637 号

内 容 简 介

本书围绕微商营销这一主题，在对现代微商市场营销理念解读的同时，从微商的大势及变迁说起，引导人们认识了解微商以及理解微商带来的机遇。本书重点对微商营销的重要环节进行论述，并教给大家微店的运营方法、微信的推广策略、微商营销技巧和常用的微商营销方法，非常适合微商创业人员阅读。

出版发行：中国建材工业出版社
地　　址：北京市海淀区三里河路11号
邮　　编：100831
经　　销：全国各地新华书店
印　　刷：大厂回族自治县益利印刷有限公司
开　　本：910mm × 1280mm　1/32
印　　张：7
字　　数：142 千字
版　　次：2016 年 12 月第 1 版
印　　次：2023年3月第2次印刷
定　　价：26.80 元

本社网址：www.jccbs.com　微信公众号：zgjcgycbs

前言

互联网正在席卷全球所有行业，并给未来带来革命性的想象空间。随着电子商务的发展，网络营销所带来的经济效益越来越被社会认可。在电子商务的持续冲击之下，传统零售行业格局正在发生巨大变革，越来越多的企业开始试水微商新模式，微商发展开始成为传统企业资源融合的一种新思路。如何开展网络营销和扩大竞争优势已经是企业当前的热门话题，新型的网络营销概念和方法也随之不断涌现。

现在基于手机的购物网站和 APP 迅速发展。一种社会化移动社交电商模式——微商应运而生。该模式是企业或者个人基于社会化媒体开店的新型电商。事实上从 2011 年起，就陆续有传统零售企业进军互联网，近年来此趋势越发明显。而且，在现代微商市场营销中，基于微信公众号的微商成为 B2C 微商，基于朋友圈开店的成为 C2C 微商。微商和淘宝一样，有天猫平台（B2C 微商），也有淘宝集市（C2C 微商）。在移动互联网的今天，颠覆传统网络营销模式的微商更受人们追捧，所不同的是微商基于微信“连接一切”的能力，实现商品的社交分享、熟人推荐与朋友圈展示。在经济转型升级的新时期，如何改变单一的经营模式以实现自身的转型升级，成为摆在传统商业面前的一个重要课题。同时，培养适合本企业需求的应用型人才也成为企业深思的、不可回避的现实问题。

新的实践催生着新的理论诞生，新的实践需要新的理论指导。本书围绕微商营销这一主题，在对现代微商市场营销理念解读的同时，从微商的大势及变迁说起，引导人们认识了解微商以及理解微商带来的机遇。本书重点对微商营销的重要环节进行论述，并教给大家微店的运营方法、微信的推广策略、微商营销技巧和常用的微商营销方法，进而证明要想做大做强微商，就必须诚心经营，贴心服务，和每个人交朋友，以信任带动产品的销售，在掌握必要的营销技巧和方法的基础上实现营销业绩的提升。

本书在编写过程中力求通俗易懂，在内容上结合培养应用型人才的需要，突出实用性和操作性；在强调准确阐明营销理论的基础上，突出学科的新发展。本书既可作为专业人员的基础教材，也可作为微商及营销人员的培训手册。

目录

第一章 不可抗拒的微商时代

第一节 什么是微商

近年来，微商如雨后春笋般迅速崛起，微商一词成了时下最热门的话题。其实微商就是以“个人”为单位、利用移动互联网（特别是微信）作为产品线上展示前台、宣传营销平台，并使用线下层级代理等方式来做生意的商人，或者说是利用WEB3.0时期所衍生的载体渠道，将传统营销方式与互联网结合，不存在区域限制，且可移动性地实现渠道新突破的小型个体行为，就是微商。通俗地说，微商指的是在移动终端平台上借助移动互联网技术进行的商业活动。

一、微商的兴起及变迁

微商具有投入小、门槛低、传播范围广且足不出户便可推广与销售、只需个体行为等特点。由于微商创业成本很低，满足了大多数有意愿自己做生意，却不敢轻易尝试实体性创业，亦没有太多资本投入，也不熟悉企业运营的个体。并且可以快速进入微商市场并且打造自己的微商团队，因此裂变自然就非常快了。

微商起于2013年，兴于2014年，爆发于2015年。2013年，微商最初源于一些用户在朋友圈里分享一些自己购买过的产品，分享之后马上就有朋友来问价。其实这就是朋友间的信任问题，在多数情况下，我们可以不信任卖家，但却在很大程度上信任朋友。正是出于对朋友的信任，也就很自然地促成了商品交易的达成。然后，通过朋友传朋友，这就实现了微商的发展。

随着时间的推移，微商也随着时代而变迁。归结起来，微商的发展有如下几个阶段。

（1）微信社交时代。是指2011~2012年间，这个时期，主要是单纯以微信作为社交工具，且当时的用户并不多，而这为数不多的用户基本上都是把微信作为信息沟通、语音聊天、发送图片的聊天工具。之所以如此，一方面是因为微信使用方便，若想使用，只要下载一个APP就可以了，拿着手机就可以和同学、朋友语音对话了，使用起来类似对讲机；另一方面就是省钱，用户可以发信息聊天，这大大节省了手机短信费用；另外，2011年智能手机刚刚进入市场且并不普及，而且当时相当一部分手机还不具备彩信功能，所以给对方发彩信不一定收得到，但是微信却可以，不仅避免了这样的后顾之忧，而且免费又迅速。

（2）微信卖货时代。这一时期指的是2013年上半年，当时在朋友圈销售产品的微商还不是很多，是微商红利时代。2013年上半年朋友圈陆陆续续出现了一些销售产品的商家，最初是以高仿奢侈品、服饰为主。

（3）微信学习时代。是指2013年下半年，2013年下半年很多微营销培训公司诞生了，它们专门给一些传统企业或电商企业讲解如何进入微营销领域，并给企业提供培训、营销策划、搭建平台等服务。很快，一系列专门做网络营销或者网站建设的公司转型进入了微营销，进行微商城、微官网、微名片等开发，然后招募全国各地代理商；同时结合第三方开发的系统给企业提供系统搭建、行业解决方案等。一些传统企业或电商企业开启了一股企业学习潮。慢慢了解微营销，并且去学习搭建自己公司的微商城，公司的名片上也逐渐打上了微信二维码和微商城二维码。

（4）刷朋友圈时代。指的是2014年，这一年是微商发展最快速的阶段。微商的竞争随着发展激烈了起来，大大小小的微商也应运而生，一些全新的微商品牌也通过朋友圈炒热了。如图1–1所示。当然，火爆的同时也在进行洗牌，那些卖假货的商家随之被淘汰。2014年微商火爆了整个互联网界，微商群体也迅速裂变到2000多万人，随之而来的是微商运作模式的转变，形成了规模化、团队化的运作模式。同时也成就了很多普通创业者，他们拥有了自己的微商团队。另外，2014年下半年，一些大型化妆品公司进入微商界，很多传统企业看到微商的利润如此丰厚，便加快步伐参加各种微商大会准备进入微商掘金。事实表明，2014年下半年微商大会频繁举行，微商品牌蓬勃发展，微商也成为一个被大众广泛认知的领域和行业。

图 1-1 刷朋友圈时代

（5）微商本质时代。这个时期是指 2015 年以后，不夸张地说，2015 年是全民微商元年。在激烈竞争的情况下，单纯刷朋友圈很难继续下去，必须打破边界，跨界整合。因此，“微商 +”的时代正式来临。微商 + 社群、微商 + 自媒体、微商 + 分销的方式都已出炉。其实，从 2014 年春晚微商品牌的冠名到 2015 年 3 月微商正式立案，这在很大程度上让很多没有进入微商的企业开始心慌了。他们不得不认可微商，不得不相信微商的力量。4 月时随着同仁堂、云南白药、舒客等传统企业杀入微商界，预示着微商爆发了。

二、微商的运营模式

通俗地说，微商就是利用微信做生意的人。一般来说，微商更多指的是在微信朋友圈卖产品的人。事实上从微信诞生的那一刻开始，朋友圈也瞬间引爆整个微信，刷朋友圈、点赞也成为人们每天的“必修课”。如今，只要外出，无论在地铁上、公交车上，都能看到很多人低头刷新朋友圈。这种微时代的到来，让人们平日里的那些碎片化时间得到充分利用。基于强化关系的考虑，各种微信朋友圈卖货应运而生，尽管有很多人对这一点还不太习惯，选择了直接屏蔽对方，但是眼下，微信朋友圈卖产品似乎水涨船高。“你不是在朋友圈卖货，就是在朋友圈卖货的路上”这句话也充分说明了微商的火爆。

基于微信朋友圈卖货的微商，其现有的模式主要是代理模式、直营模式、淘宝辅销、O2O 卖货。

1. 代理模式

代理模式就是召集成千上万的代理，也是目前朋友圈主要的方式。不管是一级代理还是二级代理，他们都是通过一层层代理来获得更高的销售额，从而获得更高的利润。目前看来，代理一般分 3 ~ 5 级，每一个级别的进货价格有一定差别，各个代理级别同时赚取其中的差价。

2. 直营模式

直营模式目前也是朋友圈采用比较多的，所谓直营，顾名思义就是厂家直接经营的，就是本身有一定的货源，能直接拿到货，这类产品特别是水果和农副产品，例如菠萝、荔枝、柿子、板鸭等，这些产品通过微信营销可能获得不错的销售额。实践证明一些实力雄厚的大品牌通常喜欢采用直营的方式，直接投资在大商场经营专柜或黄金地段开设专卖店进行零售。

3. 淘宝辅销

淘宝辅销也是一个中小淘宝卖家值得尝试的模式。微信加淘宝，对中小型企业来说，还是一个不错的选择。尤其有了朋友圈以后，也让很多淘宝店家找到了一个新的领域，但由于微信对淘宝的控制，使得很多交易变得很艰难，因而需要商家更好地变通。目前，有很多淘宝店卖家在微信的流水往往好过淘宝的流水。“左手淘宝，右手微信”，这正是目前淘宝店卖家经常采用的方式。

4.O2O 模式

简单地说，O2O 模式就是线上和线下结合的模式。O2O 模式的核心是通过把线下实体店的消息通过高额折扣、提供资讯、提前预订等方式推送给线上的诸多用户，让消费者对所购产品或服务进行在线预付，再到线下的实体店进行消费。目前，这种模式采用比较多的是饭馆、理发店、美容店和水果店。此类商铺原来是在线下进行交易，现在有了微信平台，也让它们有了新的 O2O 营销平台。可以通过线下扫描二维码和“附近的人”挖掘，推送信息给用户，同时给予一定的优惠，微信让这一切变得更加便利。该模式最重要的特点是：推广效果可查，每笔交易可跟踪。

目前，已经有2000多万的微商群体，但大部分都以个体散户为主，没有形成一定的规模。尽管如此，微商营销已是当前的热门话题，作为一种新的商业模式，其发展势头迅猛，前景广阔，必将成为未来商业的主流模式之一。

第二节 时间变迁下的微商

一、微商的转变

“微信八条”自2014年12月被微信提出以来，朋友圈代购的微商锐减。可以说朋友圈微商自由的日子一去不复返了，但这并不是说微商将会在不久后消失。与之相反，微商在市场中表现出了更加蓬勃的生命力。自2015年以来，微商呈现出了“平台、模式和资本”三国厮杀的局面。

互联网用8年时间成就了淘宝，成就了一个销售过亿的“淘品牌”，成就了一个网商超过5500万的群体，这让传统企业“看不懂、看不起、来不及”；然而移动互联网速度则更为传奇，只用了不到2年的时间就创造了：40天销售超过亿元，4个月回款超过2亿元，12个月超过10亿元的“微品牌”，成就了超过1000万的微商群体；2014年当几乎所有人和企业都在感慨经济转型之痛时，微商们却在分享移动互联网带来的红利。这不能不说是一个奇迹。

目前，微商正以千军万马之势席卷全球，未来将会是全民微商时代，而且如今众多国家都认识到了微商的巨大潜力，让创业者更有信心，同时也让各级政府开始关注这个新型的商业模式。在这种时代背景下，微商也有了自己全新的转变，具体情况如下。

（1）平台化。目前，微商正由朋友圈微商升级为平台微商。2014 年，微商通过朋友圈成就了一批诸如面膜微商和化妆品微商，这只是通过砸钱大量投放广告、推广、招商、代理而运营的，显然，这种简单粗放的营销方式一旦终止，这一盈利方式也就随之终止。为了另谋出路，继续生存，一些品牌微商开始在诸如拍拍微店、口袋购物等平台进行运营。

（2）团队化。微商的第二个转变就是由个人微商转为团队微商。如今，面对产品同质化和行销渠道的单一化，单打独斗的微商显然已经力不从心，于是他们不得不开始向团队化转变。虽然那些“非标品”的小产品在实际生活中更具吸引力，但从商业规模效益角度来看，“小而美”的产品往往很难量产，不仅如此，其在品质上也缺乏保障。所以说，微商要想持续盈利，必须依靠团队化操作。

（3）技术规范化。微商的第三个转变就是由草根搭台转为技术规范。草根搭台时代即人人微商时代，这个时代，营销的最好利器就是朋友圈。实际操作中，随着用户免疫力和抵抗力的增强，微商营销手段也在不断升级。很多企业已经重视和开始通过技术手段从源头上解决暴力刷屏、假货泛滥和维权闭环等交易问题。

（4）社会分销化。微商的第四个转变就是由层层代理的模式变为社会化分销。即便是今天，在很多不理解微商的人看来，微商层层发展代理商的模式就是人们所痛恨的传销。事实上，这种层层代理的现状完全可以通过平台分销的方式来解决，操作时只要管控一级分销，其他的问题便可迎刃而解。

二、适合做微商的群体

作为一种新兴的商业模式，微商在短短的两年多时间里，发展迅猛，已经拥有千万微商群体。就其发展形势来看，目前适合做微商的有六大群体。

（1）中小企业是微商最重要的一股力量。对中小企业而言，做微商、开微店是一种非常好的选择。因为对小微企业来说，将产品纳入连锁渠道是非常困难的，而自淘宝兴起后，为小企业提供了一个广阔的平台，解开了产品销售难的死结。而这种不受地域、不受经营规模限制的移动互联网时代的微店兴起，将大中小企业拉到了同样的高度进行竞争，尽管仍然存在品牌知名度的问题，但这已经是中小企业最好的机会了。

（2）草根阶层是微商的潜力股。可以说微商的低成本创业，给草根创业者带来了很多机会，这也是微商发展迅速的原因之一。无论你是风华正茂处于读书阶段的大学生，还是大学毕业即将踏上社会的毕业生，做微商、开微店都是非常好的选择。

（3）都市白领阶层。对生活和工作都离不开智能手机的都市白领来说，由于微商创业的载体是智能手机，因而对此类人群，既能保证不耽误工作，同时又能赚到一定数量的零用钱，不可不说是一举两得的事。

（4）家庭主妇。与大学生一样，家庭主妇的时间也非常多，且比较零散，多数散居在家。在这个资讯爆炸的互联网时代，长时间的相夫教子，让全职主妇逐渐脱离了社会主流，变得越来越闭塞。而微店则很好地解决了这个问题。

（5）拥有货源的实体店。自己本身拥有实体店铺，在看店的同时，拿起手机就能开一家网店，对这些实体店主来说是非常简单方便的。本身具有货源，根本不用再费心思出去寻找，而且又增加了一条销售通道。

（6）淘宝店主的多渠道经营。当前很多微商都是淘宝店主，有网店之后，多元化、多渠道经营成为了必然的选择，何况做微商其成本几乎可以忽略不计，这一点是淘宝店无法比拟的。

第三节 微商大势及带来的机遇

微商节省了传统生意模式开店所需的费用，为小微企业和个人提供了参与市场经营的机会，让电子商务真正进入每个人的生活。如今，随着移动互联网的发展和智能手机的普及，越来越多的创业者将会源源不断地加入到微商的队伍中来。

一、微商大势分析

时间已经进入 2016 年，如果你错过了淘宝的机会，微商能否让你咸鱼翻身？代理压货的模式能否得到改变？接下来我们谈谈微商的未来趋势。

（1）代理商压货模式要不得。现在有句很流行的话叫作“不作死就不会死”，微商已经进入 2016 年，目前也出现了一大批不太好的代理商，压货模式也是很多代理商实施的策略，把货物挤压给消费者，让消费者囤积了许多货物，从而造成恶性循环。实际的营销活动中有很多微商就是被这压货的模式“作死”了。相信随着时间的推移，许多代理商因为压货也会处境艰难，到底如何扶持下一级代理商是目前更多企业亟须解决的问题。

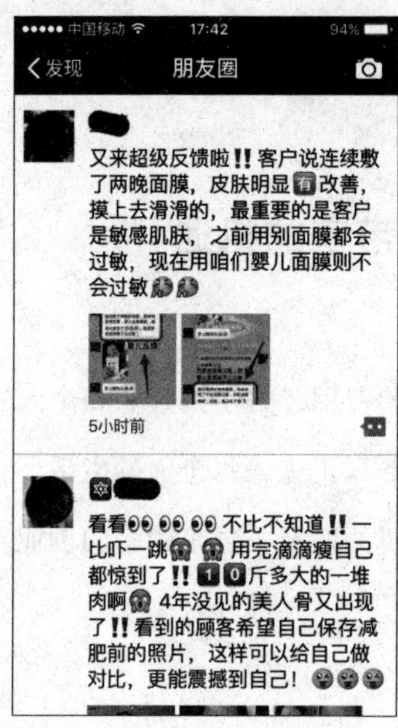

图 1-2 超火爆的面膜市场

（2）微商格局基本成型，一些品牌将“洗牌”。很多品类不得不面临洗牌，尤其是面膜品牌。实际上早在 2015 年，随着韩后、韩束、百雀羚等传统大品牌进入微商，微商也即将迎来一些新的品牌，一些没有知名度的化妆品可能会面临一次很大的清洗。虽然面膜市场很大，但是现在已经基本饱和，要想再进入市场还是比较难的。这时，做手膜、足膜等似乎是一个不错的补充和机会。如图 1–2 所示。

（3）生鲜等市场有潜力。现在面膜、箱包、鞋子等充斥所有人的朋友圈，然而类似生鲜等市场在微信朋友圈的尝试较少，这类市场也很大，作为微信创业者还有机会。如具有地方特色的水果：橘子、猕猴桃、苹果等。这类具有地方特色的产品，相信随着时间的推移，也会有越来越多的好品种被搬上微信平台，这样一来，追求产品的质量也就成了一种必然趋势。

（4）团队模式将逐渐成形。实践证明单打独斗不是长久之计，在微商竞争日趋白热化的今天，组建一个团队也是必要的。据调查发现，现在做得比较大的微商都是团队方式运营的。而且很显然，微商在很多条件下都是可以复制的，这一点毫无疑问。一个优秀的团队可以让业绩有几十倍至几百倍的增长。

（5）未来商业发展的根基是“小而美”。这里所说的小不是市场小，而是细分市场，满足某个群体认同的需求；同样，这里所说的美是细节之处让用户感动，经营方式有新意，追求极致，产品、营销、服务等多维度打造最佳客户体验；从大规模、标准化到聚集消费者这种个性化、人性化的回归，满足碎片化的需求，众多“小而美”将构成未来商业发展的根基。如现在一些小叶紫檀、金丝楠木等佛珠的生意，这些行业人群也相对比较集中，这样的生意就可以做得“小而美”。因为能关注这一行业的人，他们本身对这个行业就比较感兴趣，是属于志同道合的人群。

（6）“社群经济”将是一种发展趋势。“逻辑思维”的成功让人们看到了“社群经济”的强大，这也让人们看到了“社群经济”的力量。凭借自己的魅力，先圈粉丝后圈会员，其模式也是很多微商慢慢经营起来的。目前而言，这些微商的社群，事实是有助于扶持更多的微商，让更多的微商赚到钱。或许这种“社群经济”模式，会在以后继续火爆。

二、微商带来的机遇

微商创业成本低，很多草根渴望自己创业，于是就快速进入微商市场并且打造自己的微商团队，势必会给一些创业者带来很多创业机会。

1. 草根创业

微商完全不需要投入太多的资金就可以做，这对那些想创业而又没有成本的草根创业者来说无疑是一个绝好的机会。

首先，微商门槛低。没有经验的微商大可不必担心，完全可以投资几百块钱从“特约”做起，这对草根群体而言资金压力相对来说不是很大，属于低成本创业。

其次，操作简单，真正实现一部手机就可以创业。当然这部手机要有网络支持，通过在朋友圈发产品，跟微信好友聊天，建立信任，最终实现成交。相对于传统互联网创业来说既方便，又快捷。

最后，针对人群广，可以实现精确定位。目前，注册微信的用户越来越多，而且微信功能也日益完善，可通过附近的人、摇一摇、扫二维码、飘流瓶等辅助功能查找到众多用户，添加为好友，只要肯花时间，跟用户多交流互动，就可以建立感情，培养成忠实的顾客。

2. 微商服务

由于微商的火爆兴起，滋生了一批微商服务商，同时也造就了微商培训事业的兴起。2015 年是微商的崛起年，到了 2016 年，如何服务好 2000 多万微商群体，教他们做好微商，给他们提供服务不能不说是一个大市场、好机遇。实际上在 2000 多万微商群体中，很多人并不懂微商，甚至是迷茫的，完全不懂微营销的玩法，更有甚者连微信的简单操作都不会。所以说，针对微商服务是一个较大的市场，之前从事过微营销相关的讲师完全可以建立自己的微商学院，以培训的方式告诉微商，帮助他们进步和成长。目前衍生出来的微商学院和微商俱乐部还不是很规范，缺乏实际的指导意义。但通过市场的冲击，微商培训慢慢向专业化、落地化、实操化转变，从而帮助微商真正解决问题、提升业绩。

第二章　不能忽视的微商营销环节

第一节　微商产品选择与货源寻找

想在微信开店，选择产品与寻找货源是必不可少的步骤，并不是所有适合在网上销售的商品都适宜个人开店，因此选择一个好的产品就像是象棋的开局，做不好开局就会处处受制，导致流量小，无法推广自己的产品。

一、产品选择

1. 选择产品的原则

显然，一个好的产品，能够让微商快速起步，一个差的产品，会拖微商的后腿而且很难持续发展下去。那么，微商在选择产品时应该秉持什么样的原则呢?

（1）品质好的易消耗品。产品品质是最基本的保障。比如做洗护产品，家里人人都要用洗发液，而且洗护产品的利润相对可观。

（2）品质过硬的正品。好的产品才能持续发展，这一点毋庸置疑。

在选择微商代理产品的时候，无论准备卖什么产品，或者正在卖什么产品，一定要选择做正品，千万不要选择三无产品或者小作坊产品。如图 2-1 所示。选择的产品安全可靠，这样才能让微商的口碑越来越好。

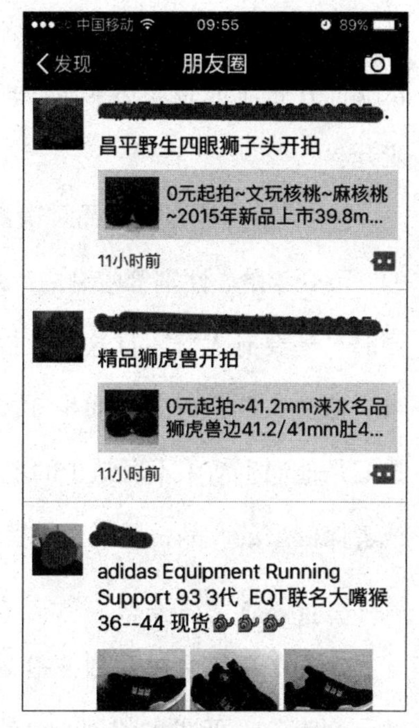

图 2-1 选择商品要慎重

实践证实，如果产品能让客户放心，给客户带来价值，客户就会对微商更加信任。反之，信任一旦丧失，将永远无法挽回。

（3）体验过的产品。微商不管做任何产品，自己先行体验是很有必要的。如果有些产品自己不方便体验，也一定要有团队成员体验过，而不是一味相信一些广告宣传或者用户体验对比照片，只有自己体验后才知真假。

（4）竞争相对较弱的产品。选择的产品最好竞争相对较弱，不要太激烈。现在有很多人在微信里面卖衣服、包包之类的商品，结果往往并不理想。在实际生活中，像这些东西人们习惯在淘宝购买，更何况淘宝中的这类商品，其价格优势又非常明显，所以竞争非常激烈，很难做大。

（5）易展示或者容易传播的产品。微商大多数是在手机端宣传推广产品，手机就那么大，复杂的商品很难看清细节。如服装，仅依靠图片很难完整表达衣服质地到底如何，所以这样的产品要尽量避开。

（6）适用性强的产品。微商代理产品，最好是适用人群比较广的，不受年龄、性别等限制的产品。所选产品必须要有一定的市场，同时，还要有人群，且这个人群还能不断扩大，满足业务的扩张需求。这类人群最好是品质生活或高端生活的人群，我们所做的产品最好是他们生活中不可缺少的个性化用品。如美容、护肤类的产品，或者保健型的产品，又或者是字画等。

2. 选择产品的方向

现在竞争越来越激烈，很多人都在寻求创业的渠道，眼下对普通大众而言，低成本的创业自然是最好的。对草根大众而言，做微商的门槛较低，因而可以说几乎人人都可以利用微商创业，况且当下众多媒体也报导过很多微商创业成功的例子。既然要利用微商创业，或者说要做微商，就要有商品、有产品。那么，哪些产品适合做微商的产品？在选择时应该注意哪些方面的问题呢？

其实，产品问题是微商面临的第一大难题。不用说，物美价廉的产品肯定会助微商一臂之力，而一旦产品质量有问题就会导致客户的流失。那么微商到底该怎样选择产品呢？概括地说，可以从以下几点把握产品方向。

（1）根据自身爱好选择产品。选择产品是从事微商的首要问题。操作中一定要选择一个自己喜爱的产品，如果选择的产品连自己都不喜欢，那又何来销售呢！同时，众所周知物以类聚、人以群分，一般而言处在同一个交际圈里的人，肯定是一些具有相同爱好或同一行业中的人。如果聚集了一些有相同爱好的人群，那肯定会对后期的经营推广大有益处。以自己的爱好为基础从事的工作才是做事业，只有把工作当成事业才会更有激情地去做，这样也就更有助于事业的成功。

（2）根据自己所学的专业选择产品。其实这种选择产品的方式更适用于专业知识丰富型的人群。通常情况下，专业人士的交际圈里都会有数量不等的一批客户，在实际的操作中可以通过优质的服务进行口碑传播，从而达到销售产品的目的。如是一个在业界或圈内有一定知名度的营养师，那么在日常的生活和工作中肯定会有很多人向其咨询相关营养学的知识，在为用户解决问题的同时，可以向用户推荐相关的产品进行销售。

（3）根据朋友圈人群特点选择产品。实践证实，这种选择产品的方式更偏向于有一定数据分析能力的人群。在选择产品时需要了解用户群体的特点，根据大部分用户群体的喜好和需求选择产品。如一个在校大学生，在课余时间如果选择销售高端奢侈品，一定卖不了多少，因为目前而言在其朋友圈里的人群，大部分人的消费能力都没有达到这个标准，当然也有例外。如果大学毕业后工作稳定了，结婚生子了，到这个时候交际圈里的人群大部分都是有生活保障的工薪阶层，而且和自己类似，这时选择销售母婴用品就会卖得不错。

二、货源选择

作为微商，解决了选择适合的产品这一难题后，接下来的另一个任务就是寻找可靠的货源问题。一般而言，要寻找货源，首先要考虑的是货源渠道问题。

1. 货源选择的渠道

从某种意义上来说，找到好的货源是微商成功的第一步，试问如果没有好的产品源供货，那何来跟买家交易这一说！对新手而言，想要找到可靠的微商货源，完全可以通过以下几个渠道来寻找。

（1）搜索引擎。打开搜索引擎，搜索关键词微商货源、微商产品等，通常就会出现很多提供相关信息和服务的平台。就目前而言，比较出名的有酷有拿货网、微商货源网，等等。

（2）阿里巴巴。阿里巴巴提供从原料采购到生产加工和现货批发等一系列供应服务，就目前看来，可供微商们选择的货源种类最多。而且作为批发平台，价格也相对便宜。

（3）相关 QQ 群、微信公众账号。货源的寻找除了搜索引擎外，还可以搜索微商货源的主题 QQ 群、微信公众账号，从大量的信息资源中筛选出符合要求的货源。

（4）关注微商招商信息。目前，一些知名厂商在制定了微商战略后，通常都会举行新闻发布会，发布新闻信息，在日常生活中，只要经常保持关注“微商招商”“微商代理”等这类关键词的新闻信息，就会发现，其实每天都有大量的微商信息可供自己选择。如图 2-2 所示。

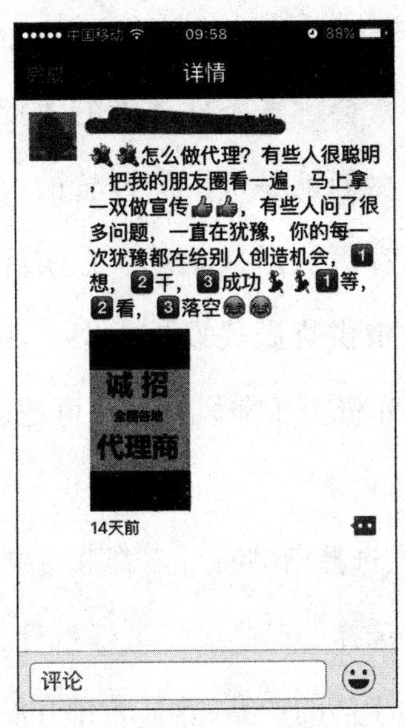

图 2-2 寻找货源

（5）微商行业的大会、博览会。只要稍加关注，就会发现在很多大型的微商会、博览会上经常有许多供货商参加，这都为新手找货源提供了诸多方便。

2. 货源寻找注意事项

微商已经成为继淘宝之后又一股新的势力，那么一个优秀的微商究竟应该如何寻找货源呢？货源的选择可从自主供货、代理加盟这两个方面入手。自主供货主要选择地方特产、手工艺品或本身已经在做的产品。

要想在微店开展产品销售，首先一定要遵国家销售商品相关的法律法规，然后选择合适的产品。对那些禁止发布的物品、限制发布的物品和其他非正当产品一律坚决抵制。不能仅凭厂家的推荐就盲目进货，货源的动销是需要经过实际测试的。一般而言厂家只考虑出货量，因此常常会设置条件诱人的大批量进货扶持政策。在实际运营中，不少微商就是被厂家设置的大批量进货优惠政策吸引，而压下大批库存无法形成动销。在实际操作中，前期可以少批量进货，或者先由供货商代发。类似于淘宝的个人分销商，此操作既可降低库存和资金压滞风险，又可通过试销了解到最适合自己平台的货源。

事实上，微商在选择商品时，要着重关注以下几点。

（1）受众面。选择的产品类型最好是身边需要这个产品的人群比较庞大,贴近个人生活的产品,这样营销开展起来才会更容易一些。一个产品究竟有多少受众面也是相当重要的，比如卖面膜等快速消费品，受众面就相对较大。假如你是一个卖游艇的，那么你的受众面就相对狭窄，只有土豪才是你的受众。实践证明，受众面一定程度上决定了市场的大小。

（2）客单价和利润。客单价，经济学术语，指单个顾客购买商品的价格，这也是另一个必须考虑的因素。微商客单价一般不宜设置得过高。这里可暂时把客单价分成三个区间，第一个是少于100元的,第二个是100～500元的,第三个是高于500元的。对于客单价,对微商最合适的价格建议单价是200～300元,相对来说市场也较大。还有利润的问题，如果想在微商中挣到钱，那么选择利润比较高的产品就是必须的，如化妆品和奢侈品，这些产品利润相对较高，也有足够大的市场。生鲜和农副产品的利润则相对较低。至于贵重的翡翠、和田玉等则有固定的人群，市场相对较小，利润空间也相对较大。

实际运营中，有一些微商会认为珠宝玉器等高售价的产品获利才高，而事实是，高价的产品销售频率低且难度大，一般人的朋友圈粉丝质量匹配度并不高，销售难度较大。若长时间没有成交量势必会打击微商运营者的信心，因此应选择客单价在300元以下的大众产品进行经营。

（3）重复购买率。重复购买率往往决定了产品是否火爆，这是一个非常重要的考核指标。易耗品如面膜、减肥产品等的重复购买率相对较高，一旦有了效果，通过微信的口碑传播就会迎来更多新的用户。重复购买率的高低，往往决定了产品是否有生命力。如数码产品手机，以前可能1～2年不换手机不是问题，可现在不到半年就有可能要换手机，这主要是数码产品的更新换代太快，如果一旦认可了这个品牌，数码产品的重复购买率还是相当高的。微商的产品也是如此，需要我们去慢慢挖掘。比如护肤品，无论收入高低，女人总是要保养皮肤的，而且用完了还会继续用，这样就产生了重复购买。

（4）产品独特性。在现实的微商中销量最好的是化妆品，化妆品的细分产品中销量最好的是面膜（面膜品牌、功效、卖点各不相同）。而那些大众化的产品，可能会让客户选择其他平台和其他购买方式，但快消品和重复消费品又可以提高客户的复购率。所以，这里所说的“产品独特性”是指大众类的产品，但有其独特性的卖点或其他产品无法比拟的优势。

（5）购买力。购买力是一个经济学上的术语，简单地说就是取得收入后购买货品和服务的能力。购买力同样也是微商考虑的关键，某个产品消费者有多大的购买力和购买欲望，这是微商不能不考虑的。换种方式说就是客户定位，一定要综合考量收入情况、消费能力、年龄、消费习惯等多种因素，实际证实，匹配度越高，成交转化的成功率也越高。

（6）莫碰假货。移动互联网时代是以信任经济为基础的，如果你的产品质量不好是卖不出去的，即使卖出去了，用户也不会重复购买。大家都知道，自从微商火爆后，假货就开始在微信上盛行，如同淘宝上假货盛行是一个道理，各种假的化妆品、鞋子和奢侈品充斥着朋友圈。若想将微商做大做强，那千万记住，假货碰不得，尽管假货的利润很高。因为微商分销都是基于朋友圈的，朋友圈靠的是信任，没人敢向朋友推荐假冒产品。

上面所说的注意事项，在一定程度上能帮助微商选好品类。一个好的品类，也在一定程度上决定了微商的前景是否宽广。当然最为关键的是，寻找货源始终要以产品的质量为核心，切不可图便宜盲目订货，有道是一分钱一分货。这里建议代理产品前一定要先自己试用产品。

第二节　微商客源寻找与微商代理

一、寻找客源的方法

相信对于每一个微商来说，最为头痛和烦恼的问题就是如何寻找客源，特别是对刚开始做微商的人而言，客源更是他们首要解决的问题和最难解决的问题。如果说没有客源甚至连潜在客户都不知道去哪儿找的微商，是无论如何也不可能做成生意的。

在实际操作中，对每一个微商来说，都要学会充分利用自身资源，从自身已有的资源下手，把过去不被自己重视的资源充分利用起来，及时沟通、适时互动，如此微商才能发挥更大的威力。

那么微商到底该怎样利用微信来寻找自己的客源呢？其实只要按下面的步骤认真做，就能帮助你找到自己想要的客源。

1. 定位客户群体

要做微商，就不能不进行客户定位。为此首先要明白你做微商的定位是什么，简单地说，就是你想要让哪些人自愿从口袋里掏钱，购买你的产品。比如说你是做家电的，一般而言，关注这类东西的人群通常以居民为主，买你东西的也是这部分人，那么你的客户群体就是居民，这就是定位。

2. 对感兴趣的客户进行推广

可以说，客户在哪里，微商就去哪里。比如说，作为一名做家电的微商，既然已经知道了客户是居民，那么就应该调查分析，去居民活跃的地方进行推广。只有直接找到对家电感兴趣的居民，才能使推广效果最大化，才能在吸引到精准粉丝的同时，实现产品的成交率，提升销售业绩。

3. 掌握技巧引流客户

一般而言，找到了客源以后，接下来的工作就需要一定的技巧来做好引流。事实上，引流就是将客户引进来而不是将自己的产品推出去。现实生活中，可以说每个人都非常厌恶广告，没有人愿意天天被广告包围，因此就需要做好引流工作来增加客源，留住客源。要达到这一目的，具体可以从以下几方面去做。

（1）群文件引流。在 QQ 群这样一个大鱼塘中，对一个会玩的引流高手而言，往往会有很多种玩法，其中有一种是比较轻松的，就是做一篇带 PDF 格式的价值类的文章或者文档，附上微信号，上传到群文件。如图 2-3 所示。

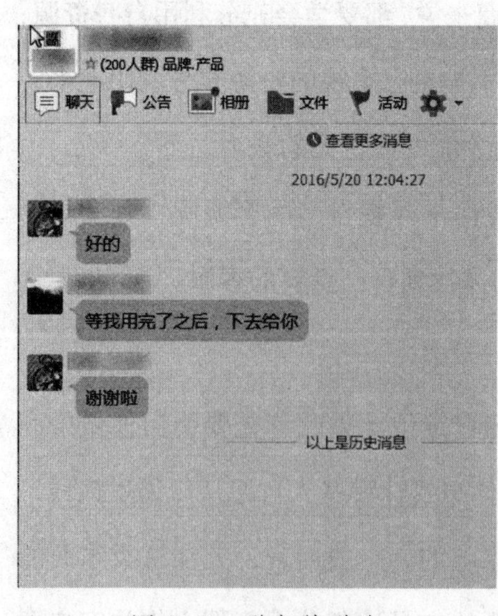

图 2-3　群文件引流

如果标题设置得特别吸引眼球，具有足够的诱惑力，就会有很多人来看，在内容里巧妙留下“鱼饵”，自然会有人来加你，当然这种“鱼饵”一定得是合情、合理、合法的，否则也会被管理员删掉甚至直接踢你出群。

（2）论坛引流。此即发布软文，在发表的文章中间巧妙地插入推广的微信号。要注意的是帖子一定要写得好，有内涵；文章的标题一定要夺人眼球，价值感强，给读者足够的想象空间，引导吸引他来加你。与此同时还应该注意的是特定内容的软文一定要发在相应的论坛上，这样才能引起相关人群的关注和防止被删，也只有这样才能引流来相对精准的粉丝。

（3）百度文库、百度贴吧引流。百度文库和百度贴吧，相信大家并不陌生。利用百度文库引流和论坛引流一样，但需要注意的是文章的名字要根据目标客户的搜索习惯来确定合适的关键词。同时我们还可以利用百度贴吧来引流，要想在百度贴吧内发表文章必须先要注册一个贴吧账户。操作时可以用自己的微信号注册一个贴吧用户名，准备一篇内容真实可信且有较强说服力的文章，当然这篇文章最好是以个人经历为内容的软文那就更好了。文章的内容中可以适当加注推广广告，当然不能广告痕迹太重，也不能直接留微信号，否则很容易被删。所有内容必须写得尽量真实，文句优美，然后分时段发布，大凡这类帖子一般反应会比较热烈。在文章的最后可以写一句“感兴趣的加我微信（贴吧用户名称）”，一般情况下，一篇好的帖子常常会有不少人请求添加好友，如果能持续顶在前面，会天天有人加你。

（4）微信号互推和大号推荐。当你的朋友圈人数达到一定级别的时候，这时你完全可以找一个同样级别的人互推一下，交换一下粉丝，比如你有500个粉丝，交换以后马上变成1000个，有这样的效果还是有很多人愿意做的。同时，在日常生活中，还应该主动去收集一些大号的联系方式，想一切办法和其接触，这样做效果通常非常明显，但是显然这样得到的粉丝不一定精准。

此外，大号推荐也是引流的一个好方法。大号推荐和互推一个道理，就是借力。在平日生活中关注和你目标客户比较接近的自媒体人，观察他的真实流量，因为绝大部分的自媒体人都提供广告业务，付给他一笔广告费，通常会为你带来数量可观的粉丝。与此同时还要多多地参加“圈子”，贡献自己的价值，想办法搞定生活中“牛人”，那么他的粉丝也会变成你的粉丝。

（5）群发邮件及微信群引流。在平时的营销活动中，要多注意收集精准客户的邮箱，这样就可以向其群发邮件，在邮件的正文里留下客户感兴趣的“诱饵”，吸引客户加你的微信。同时还可以充分利用微信群来达到吸引客户的目的。和QQ群一样，微信群同样也是鱼塘，所以引流的方式大同小异。唯一区别就在于一种方式是在群里经常互动，多贡献价值，吸引别人主动加你，而另一种则近乎于暴力推广，即准备大量的微信群，在小号上发软文以吸引客户加大号，很明显采用这样方式的前提是要准备大量的微信群。

（6）发表有价值的原创文章。发表原创是很多微商高手最常用的一招，分享干货，实践证明只要有价值就会在网上广泛传播，自然而然就会带来大量粉丝。众多的事实说明这一方法是最好的引流方法，但其前提是必须贡献有价值的内容。

（7）手动添加微信好友。从严格意义上来说主动加人不算引流，但是要想做好微商，留住客源，这个工作最好每天都要做，虽然一天加不了几个，但只要坚持，日积月累，力量也不可小觑。如图 2-4 所示。

图 2-4 手动添加微信好友

可以说很多人刚开始做微商时都是在朋友圈，或者 QQ 空间里面刷广告，刚开始估计会有点效果，可时间久一点之后不是被屏蔽就是没有生意可做。朋友圈本来就是个私密的熟人圈子，微商之所以能在朋友圈风生水起靠的就是朋友间的信任。

眼下好的微商不得不面临的问题就是微信里的好友数量和购买力不足以支持自己微商事业的发展，这时就要多添加精准客源进行朋友圈营销。可能有人会问，客户微信号从哪儿来呢？其实简单，QQ 群呀。只要导出对应 QQ 群的群成员 QQ 号码，坚持每天挨个加就行了。我们知道微信里面添加好友有 3 种方式，微信号、QQ 号或者微信名，所以说有了 QQ 号码也就等同于有了微信号。

二、做微商代理的方法

事实上如何招募到更多的代理，一直是微商最大的难题。那么微商代理到底是怎么做的呢?

（1）尽可能多地利用现有的各类社交媒体找寻营销平台，如淘宝店、微店、新浪微博、QQ 空间等社交工具，展示的平台越多对营销越有好处。现阶段由于微信是目前最好的客户关系管理工具，因此有必要把潜在的客源都加到微信上来管理。

（2）亲自体验代理产品，做到知“己”。一般而言，对于新的产品，顾客通常不了解，他们往往也没有耐心仔细看说明，如果自己再不了解产品功效，顾客就会觉得你很不专业。更何况只有亲自试过的产品，才有说服力。

（3）坚持每天分享代理产品信息，这样就能增加“烛光率”。因为如果每天能坚持发布代理产品的信息，若有顾客反馈，一定能将使用产品后的感觉真实地表达出来，让朋友圈的人多多了解你代理的产品。

（4）钻研自己所代理产品的相关专业知识，比如你是洗发水微商代理，那就一定要了解头发护理知识；若你是服饰微商代理，那就必须了解时尚搭配，等等。只有这样才能更专业。

（5）尽量自己动手做产品的展示图，因为现在做微商的人，多数都是机械地转发别人的图片，一点创意也没有，更不要说形成自己的风格了。

第三节　微商产品推广及注意事项

无活动，不营销。做微商，光有好的产品，客户也不会主动找上门来，还必须要做好推广。很多微店主产品上架后却卖不出去，这是为什么呢？因为没有做好推广。有这样的一句话相信大家都听过：要卖产品，先卖自己。特别是做微商，更是如此。

一、产品推广的策略

微店不像淘宝，没有庞大的客户群体，对微店来说，客户都是自己经营出来的。那么微商所做的产品到底如何推广呢？

（1）改变思路，心态淡定。积极学习，改变思路，心态淡定，这点对微店的很多新手来说，至关重要。实践证实，没有淡定心态，就无法保证长期进行推广。没有持之以恒，就不可能取得最后的成功。

（2）打造个人品牌。无论什么时代，打造个人品牌都是需要时间的。做微商，用户的信任最为关键，所以要打造属于自己的品牌。其实，头像就是你的LOGO，名字就是你的商标，把微信名称设置得简单、直接、明了一点。完全可以用自己的名字、品牌名、产品名、公司名，当然用品牌名加自己的名字效果会更好。最好把头像设置成清晰的公司 LOGO 或者是产品照片，当然也可以设置成自己的照片。好的名字和头像一方面可以让别人快速地记住你，另一方面还可以让别人对你产生信任。

（3）内容真实有个性。微信内容要真实，个性标签要鲜明。做微商不要总想着怎样才能做这个市场上的第一，而是应该多花心思想想怎么做这个市场上的唯一。因为好的产品到处都是，而缺少的是独特有个性的产品。在进行产品推广时，微信内容除了发布产品相关信息外，还可以发布一些有关自己工作和生活的内容。现实生活中，每个人都有不同的生活，让朋友圈中的人们感受到你的真实存在，从而对你产生兴趣和信任。

（4）确定目标用户好友。对一个做微商的人来说，无论产品多好，没有目标用户为好友一切为零，因此，要想方设法地增加目标用户为好友。或者说在实施推广时，要分析定位，定位自己，定位市场，定位产品，一旦产品定位后，在发推广信息时，一定要找到目标群体。

首先，将 QQ 好友和手机通讯录的朋友全部加上，因为这些人或多或少都是自己信任的；其次，弄明白目标用户是哪些群体。如做护肤，目标用户就是年龄在 18 ~ 40 岁之间的在校大学生、高级白领、时尚辣妈等。

（5）持续分享有价值的内容。做微商需要有分享精神，因为通过分享可以让自己得到曝光率，而且在介绍产品时，不一定非要说自己的产品有多好，价格有多低廉，大家应该购买，这是赤裸裸的广告，可以换个角度来说。比如卖面膜，我们可以分享些面膜的使用方法、注意事项、护肤知识等，这样做比直接发广告效果更好。

（6）用心耐心细心皆不可少。不管是做生意，还是做服务，都讲究回头客。做微商更是如此，只要你肯用心去做，只要坚持就一定会成功，如果你半途而废，那肯定是不可能成功的。一口吃不成大胖子，要循序渐进。在推广的过程中，可以把产品赠送给一些有影响力的红人，也可做故事营销、情感营销等，无论是售前、售中、售后，都要耐心细致地对待每一位客户，让客户觉得不仅你的产品好，服务也好。只有用心、耐心、细心地服务好每一位客户，才能把微商做大做强。

二、新手推广应注意的事项

（1）选择一个品牌，要花力气了解这个品牌、了解这家公司、了解所选择的产品。有条件的可以自己试用一下产品，最终选择一个有控价、效果好、口碑好、长线的品牌，因为只有自己了解了产品，才能更好地和顾客沟通，这要比做爆款更为长久有效。

（2）主推一类产品，不要把自己的朋友圈变成杂货铺，这样只会让你的顾客无从下手。比如做面膜、补水产品，做了四五款，每款都说特别好，这样顾客看到后就会难以抉择，不知道到底应该选择哪一个，所以说同类产品不要做太多太杂。选一个产品作为主推，让别人一想到这个品牌就想到你，即把你和你的主推产品联系到一起，显然这样的回头率更高，营销效果也会更好。

（3）不要盲目囤货，囤货都是不健康的现象。微商做的是熟人生意，讲究的是信任经济，以囤货和发展层级代理的微商，最后难免会失控，终会走向消亡。

（4）选择一个好上家，一个好的上家会教你很多方法和传授很多经验，让你少走很多弯路。

（5）自律且规范。想要做好微商，从业者必须做到自律且规范操作。严格遵守消费者权益、产品质量、价格、竞争等相关法律法规和行业规范，保证消费者的合法权益，杜绝交易中的价格欺诈和虚假广告宣传，保证商品、服务信息的真实性，不误导、欺骗消费者，确保公平交易。

第四节　微商关系维护

在做微商的时候，有些人有一个误区，那就是客户越多越好。其实不一定非要有太多客户，只要将现有的粉丝、用户关系做深，维系好现有的老客户，提升购买频率，不时增加新客户，就能够形成持续购买。也就是说，维护客户、提升重复购买率才是核心。

一、客户发展

实践证明，成功的营销者往往在保持现有顾客的同时扩充新顾客，使销售额越来越多，销售业绩越来越好。简单地说，对老顾客营销一般分三步走，即建立关系、促进消费、日常联系。在保持老顾客不流失的前提下，着力发展新客户。

（1）就目前情况来看，老顾客的建立大部分来自店铺。做一个顾客联系表，做一份详细的顾客档案资料。在设计顾客联系表时，应从两方面着手。

①硬件档案。包括姓名、性别、民族、大概年龄、邮箱、住址、电话号码、消费金额、消费产品款号。

②软件档案。主要指工作状况、家庭状况、性格爱好、个人消费习惯、个人着装喜好、日常娱乐爱好、生活习惯、喜欢的服务方式、对促销信息的接受情况、价值观。收集到了顾客信息后，再把顾客信息整理成有条理的基础数据库，在老顾客每次消费后及时加入消费数据库。同时，经常保持与老顾客的沟通和交流，有效防止顾客流失。而且还可以利用数据库，对顾客进行差异分析，从中识别出“金牌”客户。

（2）在登记顾客资料时应特别注意做到：

①以亲切关心的服务态度让顾客安心，告诉顾客登记的目的是为了更好地为其服务，同时保证绝不泄露顾客的个人资料信息。

②在登记资料及服务的过程中言语轻松活泼，举止大方，拉近

与顾客的距离，踏入建立长久关系的第一步。

③在刚与顾客建立关系时，一般先询问顾客姓名、电话号码便可，如顾客不介意，可询问生日和通信地址。其他的应在有可能进行的深入沟通中捕捉信息。

④告诉顾客品牌 VIP 的等级及成为 VIP 的基本要求、VIP 顾客的优惠及福利、VIP 管理制度等。

二、顾客关怀

芸芸众生，一个人能成为你的顾客，那就说明是非常信任你的，所以不管在产品方面还是后期服务方面一定要做到位。要从细微处入手，多注重细节，千万不能卖了产品之后就不管不问。比如，发货以后，一定要记得通知顾客并跟进联系，并不时温馨提醒，当顾客感受到你的真诚，收到货物后即使不是十分满意，其心情也不至于太差。尤其是在产品的使用期间，给顾客关怀更为重要。清楚顾客购买产品的目的，一定要在产品使用期间给顾客一些使用方法介绍。如顾客为了补水购买你的产品，就应该在顾客使用期间，多分享一些补水的经验，并告诉顾客如何使用效果会最好等。

三、顾客维护

随着信誉的增长，顾客越来越多，那么管理顾客的资料及顾客维护就变得非常重要。顾客在消费过程中，如何才能让顾客变成老顾客甚至忠实VIP呢？高品质产品或服务对于顾客忠诚度非常关键。一般而言，必须做好以下两点。

1. 感同身受去关心顾客购买的商品或服务

（1）随时做出响应。在顾客购买前一定要再次告诉顾客注意事项，向其保证对他们提出的问题会及时做出回应，并使他们满意，不让顾客有后顾之忧。

（2）及时回访。顾客购买之后，要适当回访，询问顾客购买后的情况。关心是顾客最钟情的营销方式，又是最具人情味的促销手段。

（3）做到始终如一。要让顾客了解到我们不光有优质的产品，我们还有周到、热情、细心的服务，无论售前、售中、售后，服务都始终如一。如果仅在商品销售的整个过程中，做到了有效陈列，微笑、周到的服务，却在销售后，将热情转移于别的顾客，那会让顾客感到有受骗之感，继而不愿再相信我们。

2. 积极建立与老顾客的情感联系渠道

（1）建立“自己人效应”。通过经常性的电话问候、特殊关心、邮寄销售意见卡和节日或生日贺卡、赠送纪念品、举行联谊会等来表达对老顾客的关爱。小小卡片、简单的信息会成为联系买卖双方情谊的“纽带”，良好的人际关系，会使许多顾客乐意和我们长期打交道。如图 2-5 所示。

（2）用感性的行动和语言感动顾客。没有人会拒绝别人的

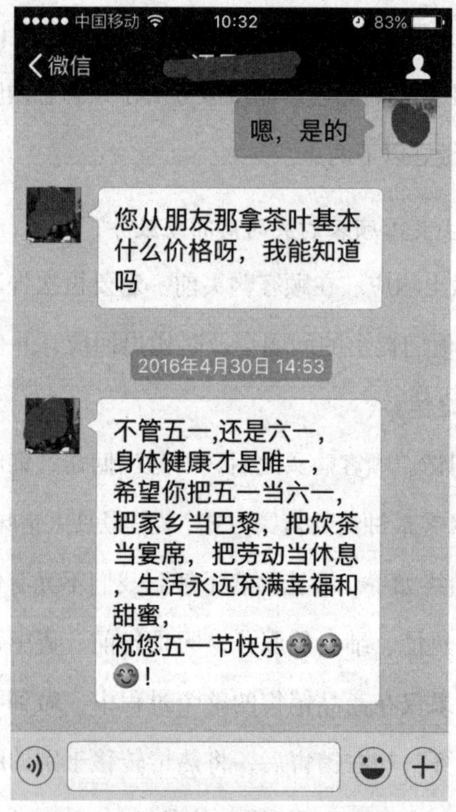

图 2-5　情感联系，节日祝福

关心，没有人会拒绝心里的那份感动。如在朋友圈中看到顾客发了一些比较消极的内容，应积极主动地去问候；如顾客对产品不满意，应积极询问，并及时解答或处理；如天气突变，应及时提醒，等等。

四、顾客跟进

顾客购买产品后，一定要跟进，了解他们的使用时间，以便于准确及时地估算出顾客购买的产品是否快用完或者已经用完。如卖的是护肤品，就非常有必要询问顾客，他们上次买的产品用到现在感觉怎样，产品使用了多少，有什么效果，等等。

五、顾客集中

通过长时间的跟进之后，把产品的忠实粉丝集中起来，再建立一个微信群，和他们以交朋友的方式聊天，从而让每个顾客更了解你，同时更能维护回头客。一旦聊成朋友了，那么他再需要这款产品的时候，就一定会来你这儿买的，而且还极有可能推荐给他的朋友。要知道，每一个忠实客户的背后都有一个潜在的客户群体存在。

有时候，有些顾客本身不是最终购买的决策者，或者自己不是最终的产品消费者，购买决策可能掌握在自己的家人手中，这时，如果客户做不了决定，我们可以直接与其家人或朋友进行沟通，听取他们的意见，效果会更好。

第三章 必须打造的微商营销平台

第一节 解析微店

众所周知，微信一直是以社交平台为定位的。然而在微信开通“微信支付”后，便开始从社交平台向移动电商平台转变了。2014年春节，微信推出了“微信红包”功能。正是这样一个小小的功能，在短短的几天时间内让绑定微信支付银行卡的用户超过1亿。这样的用户增长速度，再一次刷新了互联网用户增长的纪录。同时，这也就是微信正式宣布将在移动电商领域树立旗帜的标志。

一、微店与微信的渊源

微信之所以能成为现在移动电商时代的“首席代表”，关键在于微信有了“微信支付”（在线支付）和“微店”（产品展示）的双重功能结合。微博虽然抢占了移动互联网的先机，却没有把握好“平台和支付”这一时机，导致现在虽然有了微博支付和其他类似功能，但在用户基数和增长量上却再也不能与微信抗衡了。在移动互联网时代，“快”是唯一制胜的法宝，在实际操作中你可以不是最“早”最“先”的，但一定要有良好的市场嗅觉和准确的发展预测，再加上速度快。正是如此，才使得微信坐上了移动电商的头把交椅。

事实上在微信没有推出“微信小店”前，很多第三方微网站、微官网开发者，已经侧面推动了微信成为“移动电商”的成功转型。而当微信推出“微信小店”之后，很多第三方开发机构都有所担心，但微信表明立场：继续开放透明的互联网特性，对第三方开发公司采取支持的态度。这也是腾讯的高明之处，在互联网时代，只有开放、包容、透明的操作，才会吸引更多的参与者。近年来随着微商的迅速崛起，作为微商入驻的平台——微店便纷纷出现了。

微店是一个新兴的概念，具体地说就是经营者在手机客户端注册一个虚拟的、基于移动互联网的小型商店，以下简称“微店”，将待售商品的信息发布到微店上，微店主通过常用的诸如微信、QQ、微博等社交工具，将所销售的产品推荐给身边的亲戚、朋友、同事，那些对商品感兴趣的浏览者一般会通过手机端网上或网下的支付方式向经营者付款，经营者通过邮寄等方式，将商品寄送给购买者，从而实现商品的交易，让微店创办者获得利润的一种市场经营模式。

其实在传统互联网时代，企业经历了两大付费变革时期。在搜索引擎时代，当时诸如淘宝、天猫、阿里巴巴等的综合性平台的发展尚处于起步期，用户想要获取产品信息，就不得不通过搜索引擎。当用户输入相关产品或信息的关键词后，只要企业方开通百度竞价服务，便可以让自己的网站排名靠前，以获得尽可能多的用户点击。这种“截流”的方式可以说在当时让很多提前试水的企业主尝到了甜头。随后在很短的时间内，综合平台和垂直平台开始快速发展。当淘宝已经成为中国最大的交易平台时，在获取信息上，用户已经习惯在淘宝搜索框输入产品名称了，而不是跳出到百度。于是，“直通车”便理所应当地收起企业和店主的广告推广费了。

严格地说，企业主若要获取客户，只需要花费大量广告推广费就行。但一段时间后，多数企业“觉醒”，他们发现广告之争的ROI（投入产出比）相差很大，而企业主还发现广告投得越来越多，获取的客户并不是预想的那样，反而是越来越少。而花费推广费就可使排名靠前，这会让一些产品质量不好但懂推广技巧的商家获得更多订单，势必给客户带来诸多不便。

在如今的移动互联网时代，移动电商可以完全屏蔽这一点。无论是“微信小店”，还是第三方微店，或者是企业自主开发的APP，以手机屏幕的大小和输入操作性来看，想要在站内做关键词竞价，难度较大，而唯一常用的广告形式是图片或文字，而且这种图片或文字还不能占据太多位置。广告位变少，甚至没有广告位，每一个企业主或店主，都有他们独立的链接或店铺平台，企业只需要做好单链和店铺的推广就行了，不需要再向平台方支付广告费。事实上，微店的客户群体具有“三次圈”（超过70%的客户都是店主的朋友或不超过三次内社交链的客户群）的特性，本身就具备可信性。比如当我们发现一家微店是朋友开通的，或者是朋友介绍的，这时这种信任营销或口碑营销，通常会马上消除客户的疑惑和担心，进而直接拉动成交量。

二、微店经营方式及创建途径

微店由于其开店方式不同，相应的经营方式也是不同的。假如你想开微店，就应该根据个人的实际情况，在选择开店的方式后，还应选择一种适合自己的经营方式。微店的经营方式主要有以下三种：

（1）微店与实体店相结合。此种微店因为有网下店铺的支持，在商品的价位、销售的技巧方面都更有优势，也容易取得消费者的认可与信任，一般经营效果较好。

（2）全职经营微店。这类经营者将全部精力都投入到微店的经营上，将微店作为自己的全部工作，将微店的经营收入作为个人收入的主要经济来源。

（3）兼职经营微店。此类经营者将经营微店作为自己的副业，比如现在许多在校学生利用课余时间经营微店。还有一些已经拥有一份稳定工作的人员，他们利用工作的便利开设微店，以增加自己的收入来源。

如今众多传统电商平台都瞄准了微店的发展方向，已经有很多知名网站开辟了独立的微店 APP，很多创业型的开发平台，做得也不错。归结一下，微店的创办途径主要有以下几种：

（1）利用知名网站的手机客户端开店。在提供开店服务的C2C、B2C网站开设个人的微店。现在像淘宝、京东等许多大型专业网站都向个人提供基于手机的客户端服务，如京东微店，注册之后下载手机客户端即可进行网上销售。如果已经开通淘宝或天猫店的用户，则可以通过点击右下角“设置”按钮，选择最上面的“淘宝搬家助手”，即可一键将淘宝店搬到“微店”。这种方式的微店，就相当于在大商场里租用一个店铺或柜台，借助大商场的影响与人气做生意。当然有些大型网站需要收取一定额度的保证金。

（2）完全自立门户开店。一般而言，经营者通常会委托他人进行微店设计，或者从微店公众平台下载独立的APP使用，微店的经营与大型的购物类网站一般是没有什么关系的，完全依靠经营者个人的宣传吸引浏览者。如今，完全自立门户开微店，其建设有两种方式：一是完全根据商品销售的实际需要进行个性化设计，需要进行注册域名、租用空间、网页设计、程序开发等一系列工作，优点是个性化较好，但费用较高；另一种方式就是从微店公众平台注册会员号，这种方式是免费自助式网站模块，操作简单，不需要缴纳保证金，但是缺乏个性。这一类微店相当于路边的小店，到底该怎样吸引浏览者进入自己的微店，完全依靠经营者自己的推广。

随着移动互联网的快速发展，给很多创业团队带来了商机，众多新型微店公众平台也应运而生，现阶段知名度比较高的新型微店公众平台有口袋通、微店网、开旺铺、微信小店等。

（3）前两种方式的结合。既在大型网站上开设微店，又有独立的微店销售网站。这种方式将前两者的优点集合，不足之处是投入会相对较高。

第二节 创建微店

移动互联网上的微店平台有很多，常见的微店也有很多，如口袋通、微信小店、京东微店、中兴微品会，等等。在此，我们详细介绍一下微店 APP 的开店步骤。

微店的下载、注册、安装及应用过程其实很简单，可以在苹果、安卓应用市场中搜一下“微店”，在手机中下载安装就可以了。或者登录官方网站 www.wdian.com 下载安装。

一、安装和登录微店

微店的应用非常简单，只要拥有一部能上网的智能手机，下载并安装微店 APP，在第一次进入微店时，首先要用自己的手机号注册一个属于自己的微店并验证激活它，就可以成功登录微店并查看微店的各项功能了。

（1）点击已经安装在手机上的微店 APP 图标，打开微店界面，再点击“注册”按钮。如图 3–1 所示。

（2）进入“注册”界面后，选择自己所处的国家和地区，并填写手机号码。填写完后点击“下一步”按扭。如图 3–2 所示。

图 3–1 微店注册

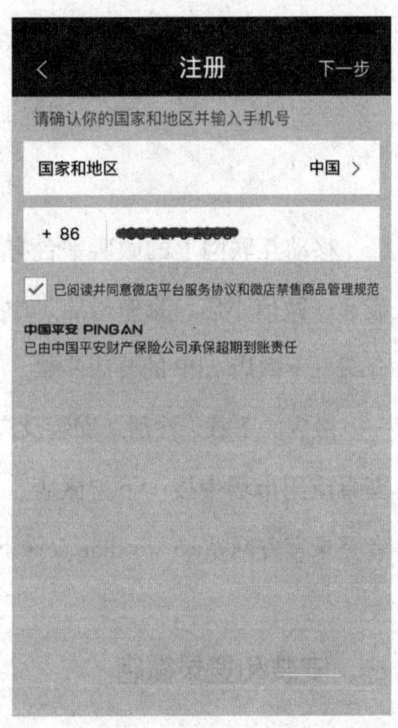

图 3–2 填写手机号码

（3）接着会收到提示信息，验证码会发送到用来注册的手机号。点击“确定”按钮，等待接收验证码。如图 3–3、图 3–4 所示。

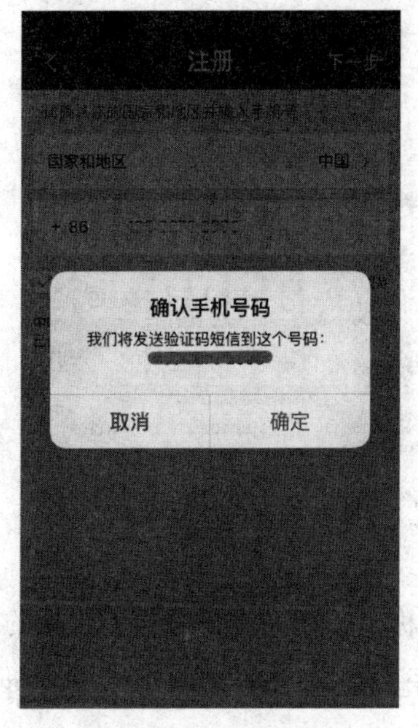

图 3–3　填写手机号接收验证码

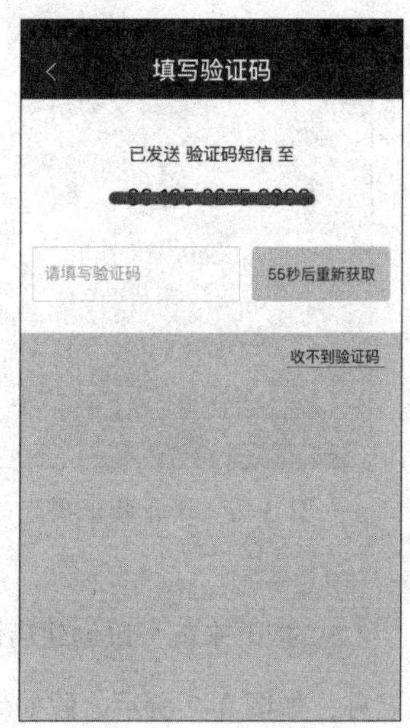

图 3–4　等待验证码

（4）接收到验证码后，在“填写验证码”界面的文本框中填写验证码。如图 3–5 所示。填写验证码之后点击“下一步”按钮，进入“设置密码”界面。填写密保信息，有助于你在忘记账号密码时，在密保信息的帮助下找回密码。在“设置密码”界面的文本框中输入密码并重复输入一次，然后点击“下一步”按钮。如图 3–6 所示。

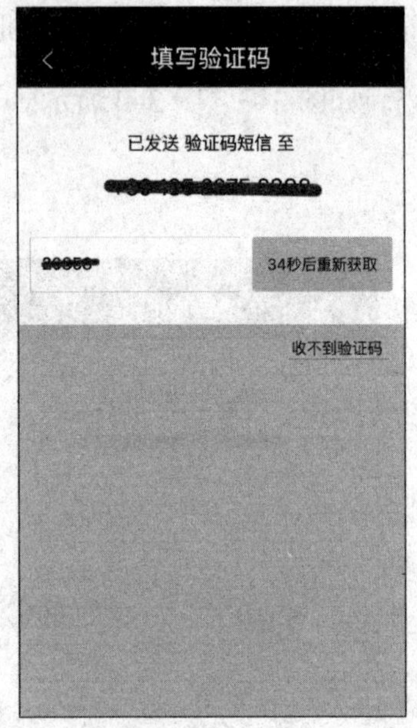

图 3–5　填写验证码

图 3–6　设置登录密码

（5）接下来就可以创建店铺名称了，在文本框中输入想好的店铺名称，如图 3–7 所示。假如你的店铺名称还没有想好，不要紧，这时可以随意填一个名字，之后可以随时更改。然后，点击文本框上方的网形图标进入相册，选择你认为合适的图片作为店铺图标，当然这需要将要设定为图标的图片提前存放到手机相册里。设置完成后点击“完成”按钮。这样微店就注册成功了。若要立即进入微店，只要点击“开启微店”即可。如图 3–8 所示。首次进入会提示登录，输入注册时用的手机号及设置的密码，然后点击登录按钮即可。下次进入微店则需先点击手机界面中的微店 APP 图标，即可进入“微店”。

图 3-7 微店创建成功

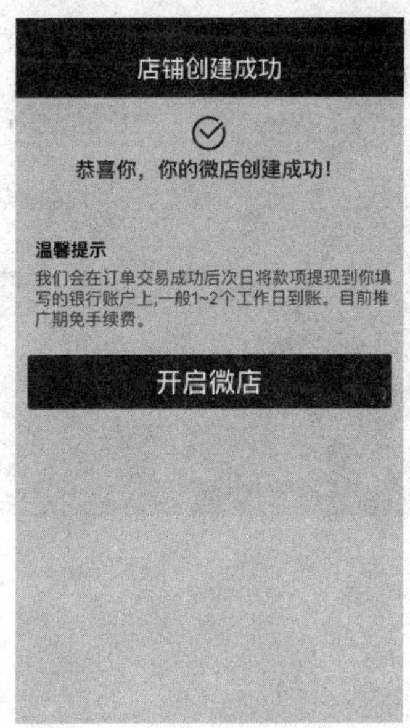

图 3-8 微店注册成功

二、微店的基本功能

登录成功后，进入微店主界面，可以看到微店、商品、订单、统计、客户、收入、营销、商学院、货源、好生意好开始十个模块。界面左下角是“消息中心”按钮，中间为“开单攻略”按钮，右下角为“设置”按钮。如图 3–9 所示。

图 3–9　微店主界面

1. 微店

点击微店，进入“微店管理”界面，可以看到该界面中有四大功能模块，即店长笔记、微信收款、店铺装修和运费设置。还可以设置实名认证信息，以及付款方式等。如图 3-10 所示。

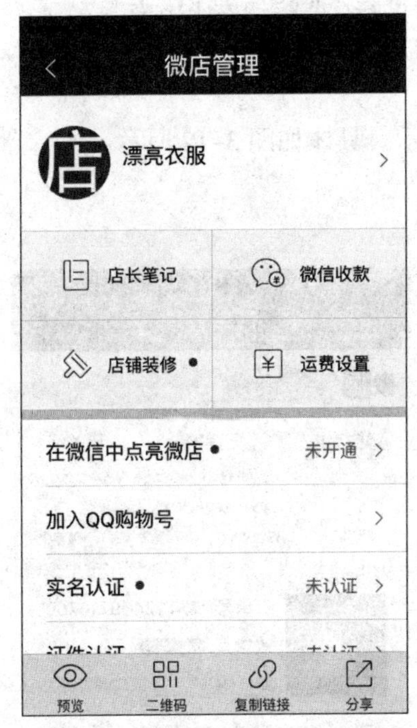

图 3-10 微店管理界面

2. 商品

点击商品，进入商品模块的主界面，在最下面有添加新商品、批量管理等重要功能。如图 3–11 所示。

3. 订单

点击订单，进入“订单管理”界面，所有订单都显示在其中，并为其分类，若有新订单，则会在“进行中”按钮右上方有数字显示，同时在“待发货”按钮中对应显示，显示的数字就是新的订单数量，若无订单，按钮上将不会有任何提示。具体如图 3–12 所示。

图 3–11　商品模块界面　　图 3–12　订单管理

4. 统计

点击统计，进入“统计”界面，界面上半部显示有昨日浏览、总浏览量、收藏、赞四项，界面的下半部显示有访客、订单、金额三项，如图 3–13 所示。图 3–13–1、图 3–13–2、图 3–13–3 分别显示的是“访客”“订单”“金额”界面。

图 3–13 统计模块界面

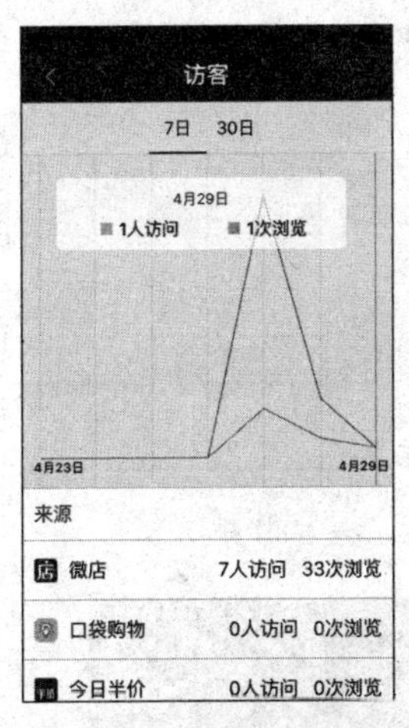

图 3–13–1 访客

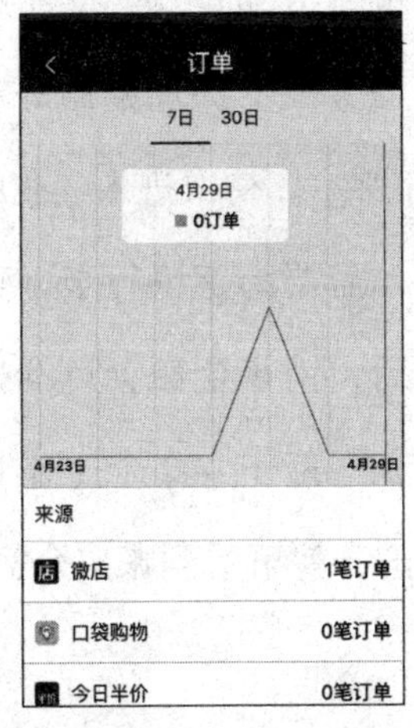

图 3–13–2 订单

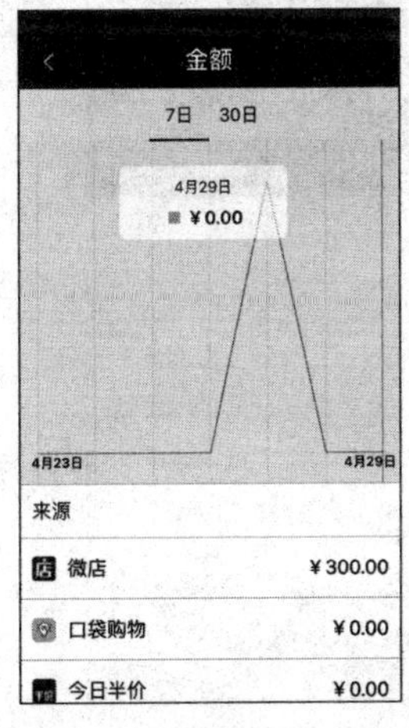

图 3–13–3 金额

图 3-14　客户管理界面

5. 客户

点击客户，进入“客户管理”界面，这里可以看到聊天消息、客户列表、客户评价三个模块，可查看聊天信息及客户评价、每个交易客户的收货信息、交易的金额等，通过对这些数据的分析，能更好地使卖家了解客户的喜好，从而有针对性地推荐。避免盲目刷屏的推销方式导致顾客反感，影响成交量的提升。如图 3-14 所示。

图 3-15　我的收入界面

6. 收入

点击收入，进入“我的收入”界面，有绑定银行卡和查看收支明细和查看交易中的金额、提现金额等功能。如图 3-15 所示。初次进入“我的收入”界面时，需要绑定银行卡，正确绑定银行卡后，销售金额会自动提现到该银行卡，一般 1 ~ 2 个工作日到账。只要点击，就可看到账户余额。

绑定银行卡时，点击“绑定银行卡”按钮，进入“我的银行卡”界面，选择要绑定的银行卡所属银行，微店支持中国工商银行、中国建设银行、中国农业银行、中国交通银行、招商银行等在内的十大银行。然后输入自己的姓名、身份证号、选择开户银行、填写银行卡账号，点击“绑定银行卡”按钮，即可绑定成功。如图 3–16 所示。

绑定成功后出现实名认证成功的对话框，可以忽略，也可以查看认证详情。如图 3–17 所示。

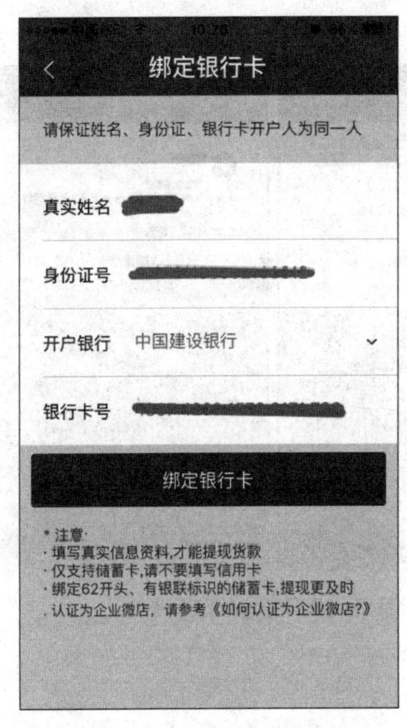

图 3–16 绑定银行卡界面

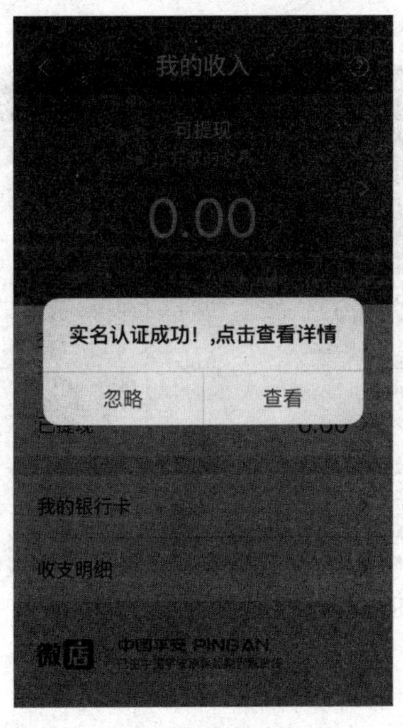

图 3–17 认证成功

银行卡绑定成功后，如果想对已经绑定的银行卡解除绑定或变换银行卡，只需要在“我的收入”界面点击“我的银行卡”，如图 3-18 所示。

进入“我的银行卡”界面后点击“更换银行卡”按钮，这时在绑定银行卡下方就会出现：选择开户银行、请输入储蓄卡卡号、请再重复输入一遍卡号等，填写完成后点击“完成”按钮即可更换成功。如图 3-19 所示。

图 3-18　我的银行卡　　　　图 3-19　更换银行卡

7. 营销

点击营销，进入“营销推广”界面，可以看到此界面中有 14 个功能模块，卖家可以自由设置产品的促销活动。如满减、店铺优惠券等。在这个界面不但可以进行产品的促销，还可以选择推广店铺，如微客多、分成推广、友情店铺等。如图 3-20 所示。

8. 商学院

点击商学院，进入“微店商学院”界面，可以看到此界面中有微店社区、微店公开课、同城商会、微店规则、答疑解惑模块，可以让微商快速掌握微店，熟悉各种规则与功能。如图 3-21 所示。

图 3-20 营销推广界面

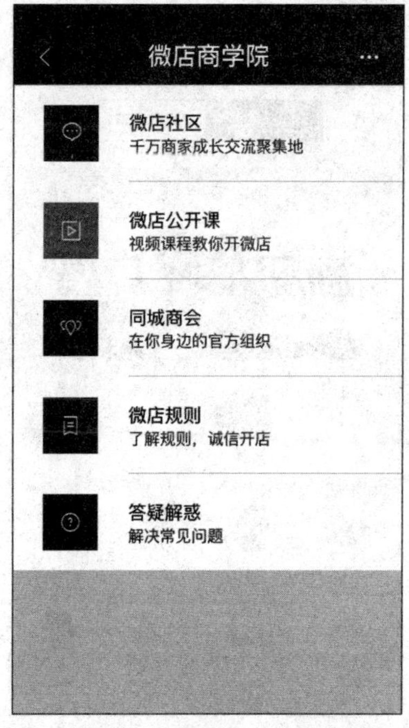

图 3-21 微店商学院

9. 货源

点击货源，进入“我要分销”界面，在此界面中有优选商品和品牌店铺两大模块，界面的底部有货源、管理、消息、我的四个功能按钮。如图 3-22 所示。

10. 好生活好开始

点击好生活好开始，进入“商机中心”界面，有微店时尚生活顾问和微店美美顾问两大模块。了解了以上模块功能后，可以帮助微商由菜鸟变成行家，赢得顾客的欢迎及青睐，同时能让买卖双方广交天下朋友。如图 3-23 所示。

图 3-22　我要分销

图 3-23　商机中心

第三节 微店管理

认识微店基本功能后，还需要对微店的一些基本信息进行必要的设置，包括醒目的店铺图标、个性有吸引力的店铺名称、微信号、运费设置、店铺公告等。并且根据需要，随时对这些信息进行重新编辑，从而保证店铺的吸引力。

一、微店基本设置

1. 店铺图标

如果对已经设置的店铺图标不是很满意，完全可以进行重新编辑。点击“微店”，进入“微店管理”界面，点击店铺图标，进入“店铺信息”界面，点击微店头像，即可从相册中选择新的照片或重新拍照作为图标，实现对店铺图标进行更换的目的。如图 3–24、图 3–25、图 3–26、图 3–27 所示。

图 3-24　进入微店界面

图 3-25　进入微店管理界面

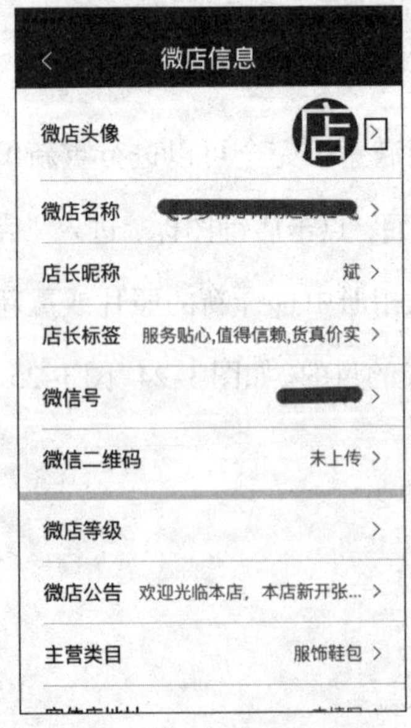

图 3-26　进入店铺信息界面

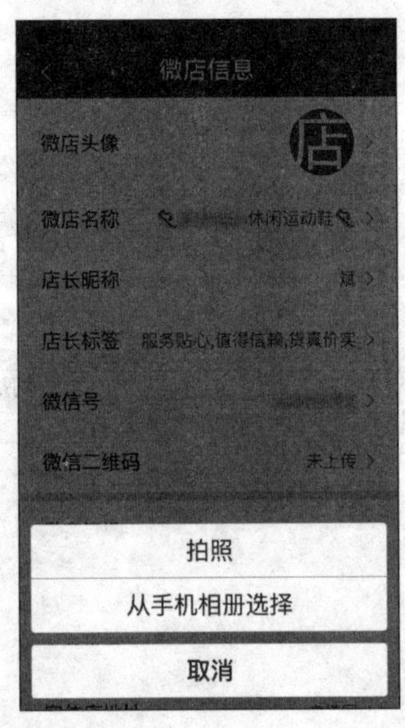

图 3-27　可以拍照或从手机相册中选择

2. 店铺名称

根据自己的微店类型选取店铺名字，一般而言，微店名字可以采取“品牌人”加“产品人”的思路命名。比如你的微店是经营潮流女装的，则店铺名称中可以加入自己的名字或者昵称，这样别人看到店铺就知道是你的店了，更易于推广。微信号可以不填，也可以填写自己的私人微信号，是选填项，但是要做好微店，建议填写微信号，这样方便用户在查看商品有疑问时与卖家进行交流，增强信任感。如图 3–26 所示。

3. 店铺公告

店铺公告非常重要，这是用户对店铺整体定位认知的关键获取入口。店铺公告不限内容长短，卖家在这里可对自己的店铺进行介绍，描述店铺优点以及对产品质量等的一些保证，务必认真填写，因为顾客进入店铺之后第一眼就会看到店铺公告的内容。一个好的店铺公告往往会增加顾客的好感，增强第一印象。如图 3–26 所示。

4. 更换“店招”

“店招”是进入店铺后页面顶端的横图，需要美编来设计，当然有能力自己做最好。好看并且契合店铺风格的“店招”通常会为店铺加分不少。点击“微店”进入“微店管理”界面，找到店铺装修按钮，点击进入“自定义装修”界面，然后点击更换图片即可更换“店招”。可以拍照，也可以从手机相册选择中选择，选取要作为“店招”的图片，如果图片过大或其中一部分不适合，则可调整图片位置截取自己想要的部分作为“店招”。如图 3–28 所示。

图 3-28 更换“店招”

5. 担保交易

微店担保交易通常指微店替买卖双方暂时保管货款，直至买家确认收货的安全交易服务。担保交易开通后，会在现有“直接到账”付款方式基础上新增“担保交易”付款方式。买家交易时，可以选择“直接到账”，也可选择“担保交易”方式付款。对顾客来说，通过担保交易的店铺其可信度会有一定程度提升，并且更能保障顾客的权益。

“直接到账”方式付款的订单，货款会在交易次日自动提现至卖家已绑定的银行卡。“担保交易”方式付款的订单，货款会在买家确认收货后的次日自动提现至卖家已绑定的银行卡。如果在 7 个自然日内，买家还未确认收货且没有提出退款申请或投诉，微店会在7个自然日截止时自动帮买家确认收货。

点击“开通担保交易”按钮，弹出“开通担保交易后，需要联系客服，才能帮您取消担保交易没置，是否确认开通？”提示信息，若无异议，点击“是”按钮即可成功开通。

6. 货到付款

目前不推荐中小卖家采用这种方式，因为货到付款是要和物流达成协议的。快递会收取代收费，量小利润小的产品店铺不推荐。

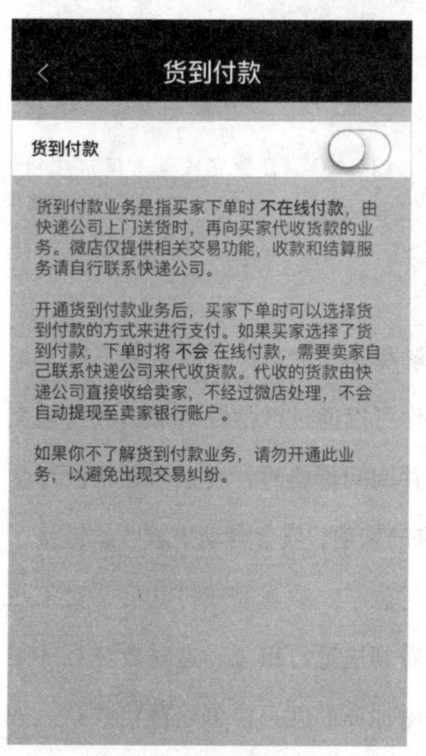

图 3–29 开通货到付款

但对于一些对网络购物或者微店购物信任度不是很高的买家，货到付款还是很有必要的。因为买家可以在看到商品后再将货款付给快递员，这样做大大提升了买家的安全感，更有助于成交。这种付款方式快递公司要收取一定的代收费，至于这笔费用是由买家还是自己来出，卖家可以自行决定。滑动“货到付款”后的按钮至绿色，即可开启该功能。如图3–29、图3–30、图3–31所示。

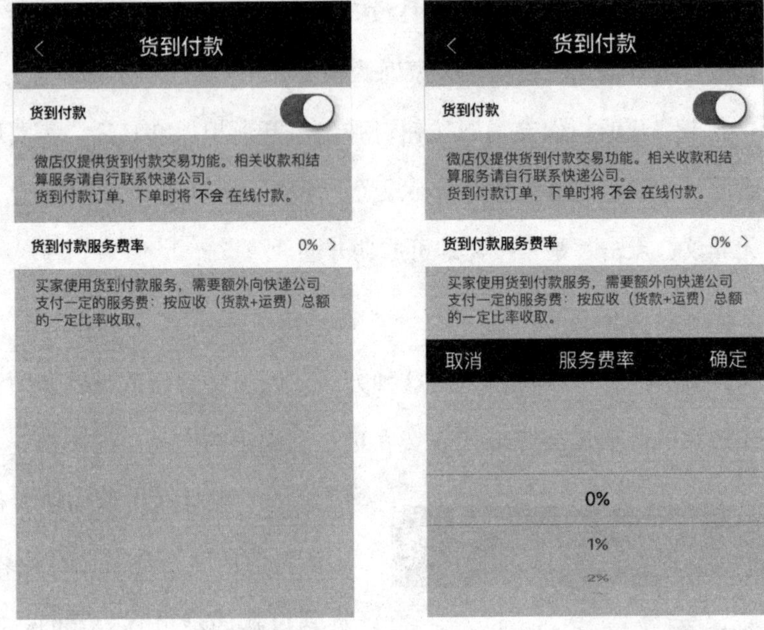

图 3-30　设置货到付款服务费率　　图 3-31　设置完成点击确定按钮

7. 微信收款

对于微信收款，官方给出的解释是，“当你有商品来不及上架到微店，而又有客户想购买时，你可以通过微信收款来达成这笔交易”。比如有顾客发来商品图片并询问价格时，卖家与顾客谈好金额，然后创建微信收款，输入相应的款项，就会自动生成收款链接，将该链接发给顾客，顾客就可以付款了。顾客完成付款后，卖家在订单管理“已付款”列表就可以看到这笔订单了。这时要注意的是微信收款不是微信支付，不需要添加商品就可以创建微信收款。如图 3-32 所示。

8. 七天无理由退货保障

之前逛淘宝店铺时，大家常常会看到大部分店铺都会打出七天无理由退货保障，这主要是因为网购时买家毕竟不能亲自到场选择商品，如果一旦买到的商品不合适，或者商品质量有问题，这时买家就可以选择退货，如今微店也添加了该功能，这大大提高了买家的满意度。如图 3-33 所示。

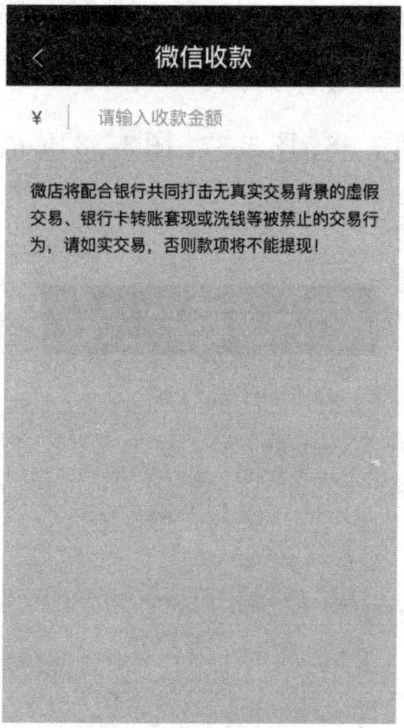

图 3-32　微信收款

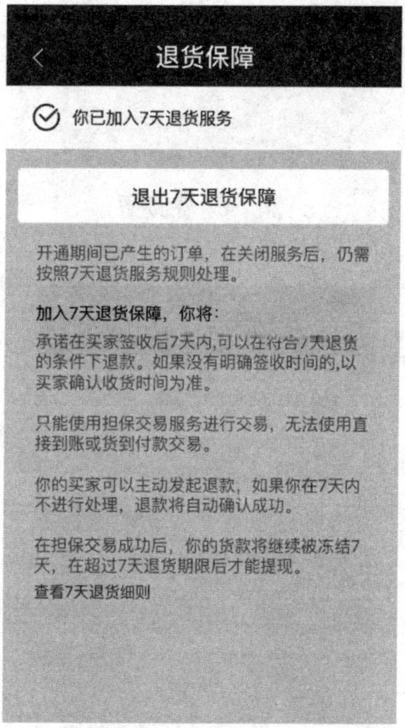

图 3-33　设置退货保障

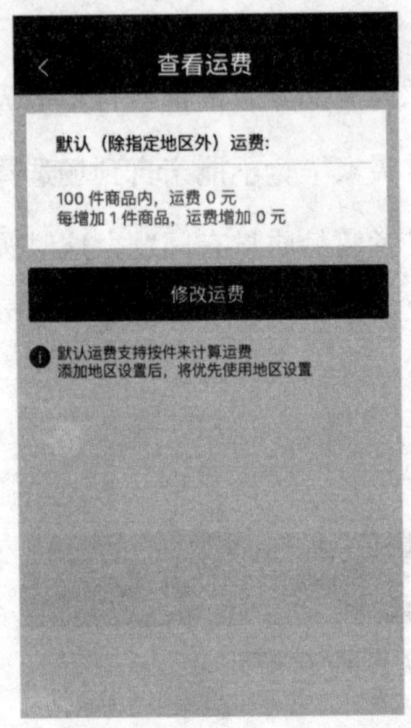

图 3-34　运费设置

9. 运费设置

在实际操作中，我们也可以对商品默认运费进行设置，还可对一些特定地区进行特别设置。一般而言，商家都会设置买一件需要支付邮费，买几件则可以包邮。如果对自己之前设置的运费感觉不合理，还可以更改。运费设置具体如图 3-34、图 3-35、图 3-36、图 3-37、图 3-38 所示。

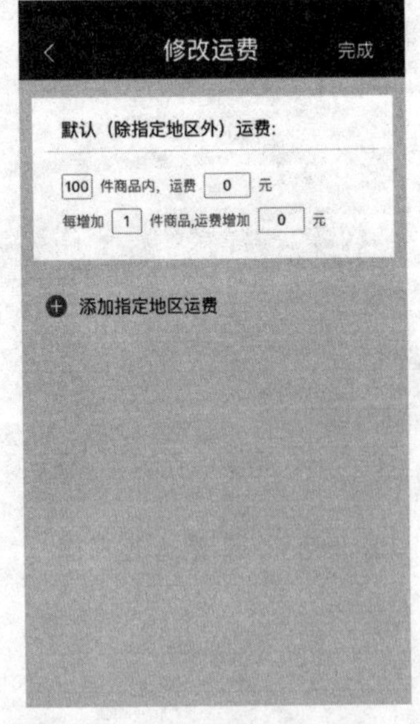

图 3-35　修改运费

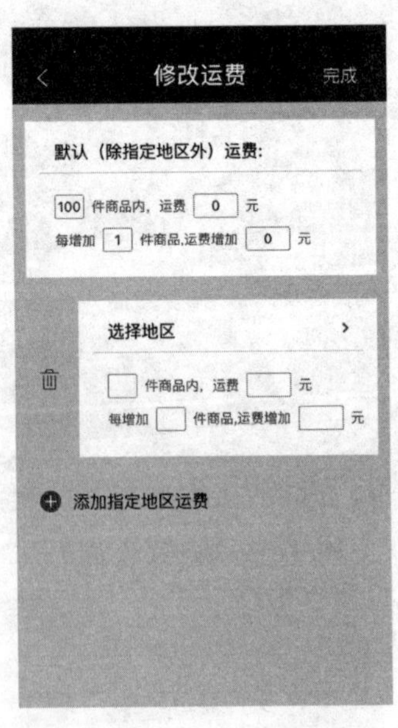

图 3-36　选择地区

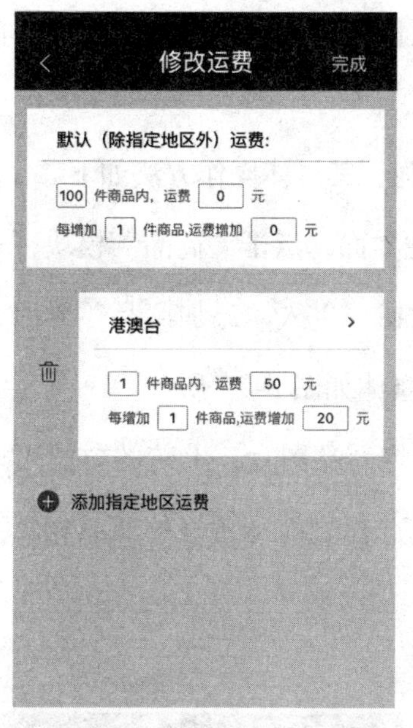

图 3-37 添加指定地区运费

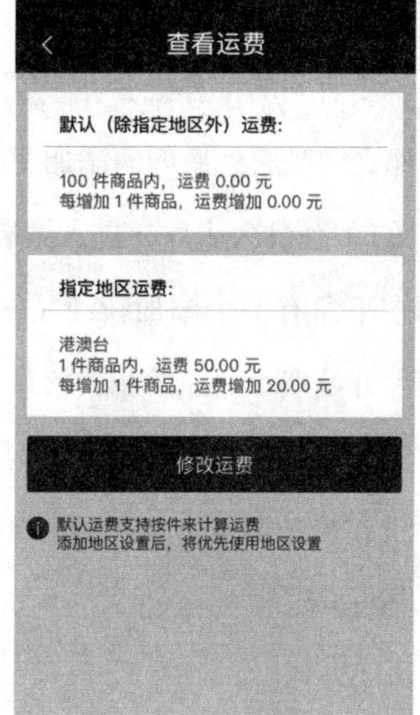

图 3-38 设置完成

二、微店的运营技巧

微店运营之后，当货源问题解决后即可开始在微店上发布商品。发布商品的途经有多种，比如通过手机、平板电脑或者台式电脑等途径向自己的微店中添加商品。一般情况下，微店的所有操作都可以在手机上进行，但是如果商品种类多、订单多，而且需要对商品进行分类，这时再通过手机操作显然不能应付，而通过电脑进行管理会更加方便、快捷。

1. 添加微店商品

在手机上开微店，最为关键的是要掌握大多数人上网时间的“高峰期”，在这个时段内尽可能多地让商品上架。如果做好这些细节，一定能为自己的店铺带来更大的流量，也就自然而然地为你的商品赢得了更有利的推荐机会。

那么，微店到底如何添加商品呢，其具体操作方法如下。

（1）登录微店后，进入微店主界面，点击“商品”模块，在界面的左下角有一个添加新商品的按钮。进入“添加商品”界面，这时便可开始填写商品的相关信息，具体如图 3-39 所示。

（2）点击“+”按钮，则可上传商品图片，上传的方式可以使用手机相机拍照或者从手机相册里选择之前准备好的商品相片。如图 3-40 所示。

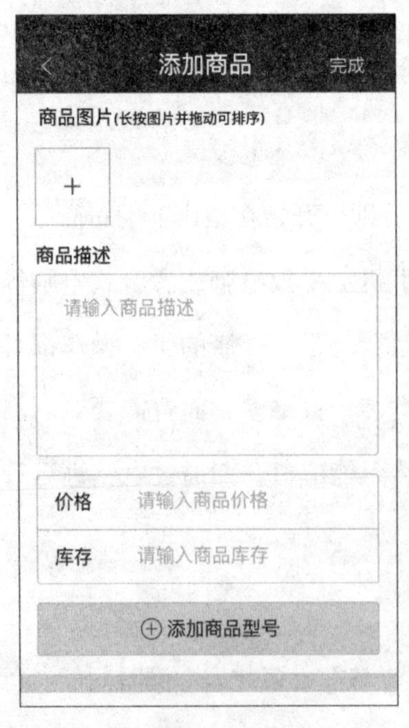

图 3-39　添加商品

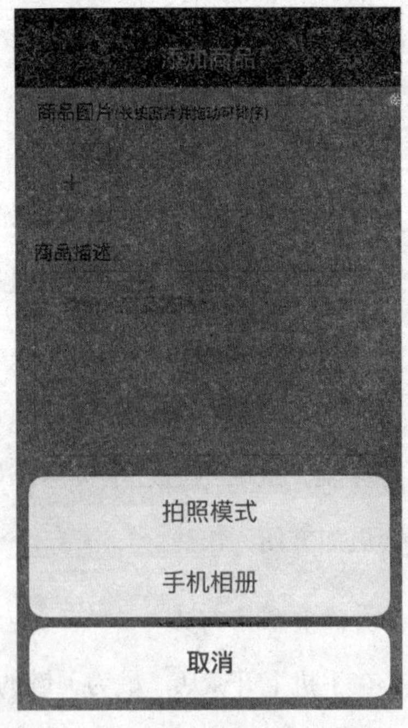

图 3-40　选择图片上传方式

（3）对自己认为可以上传的图片，在图片上直接点击即可选择相应图片，一次最多可以上传15张图片，点击“完成”按钮，即可完成图片上传的操作。上传图片的顺序与卖家选图片的先后顺序相同，上传以后的图片次序还可以调整，第一张图片是主图，会直接显示在卖家的店铺里。如图3-41所示。

（4）输入商品描述。微店的商品描述是在一个文本框中进行的，不分商品标题、商品参数、商品详情等，在这个文本框中，可以填写大量文字，但需要特别注意的是商品描述的前20个字非常重要，因为这些文字和主图会直接显示在微店的首页。还应该注意的是在输入时一个段落的文字不要太多，并且后面的描述最好与前20个字空一行以示区分，这样看起来会更有条理。如图3-42所示。

图3-41 上传商品图片　　图3-42 填写商品描述

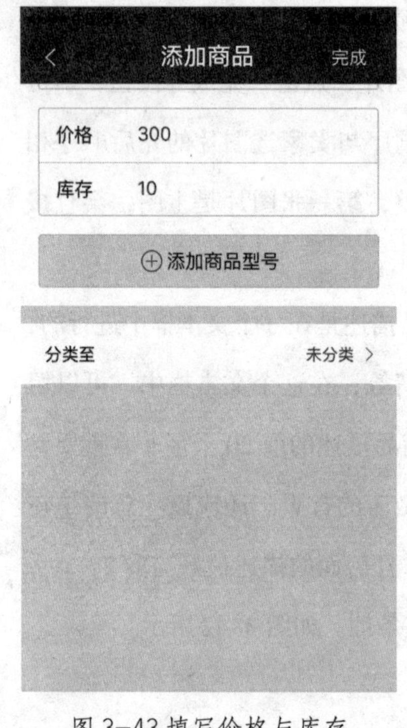

图 3-43 填写价格与库存

（5）输入商品价格。商品的出售价格会直接影响微店的收入，所以商品定价是一个重要环节。商品价格过高和过低对自己的影响都不是很好，所以在制定时一定要讲究策略，讲究方法。如图 3-43 所示。

（6）设置商品库存，建议卖家设置的库存数量要比实际的库存多一两件，因为微店默认只要买家成功提交订单，即使没有付款，也会减少商品的库存数量，这样会影响其他买家的购买。简单地说，卖家某个商品实际只有 1 件，就可以设置为 2 件甚至 3 件，如此就可以减少由于商品库存数量显示问题而影响其他人交易。如图 3-43 所示。

（7）添加商品型号，商品型号作为选填项，商家可以自由选择是否填写。点击“添加型号”按钮即可展开相应列表窗口，即型号、价格、库存等参数，依次分别填写，便完成了商品型号输入。一般情况下，对于那些型号不同但价格一样的商品，不建议卖家使用这个功能。而对于有不同的型号，且价格不一样的商品，则可以将每个型号单独作为一个商品上传到自己的微店店铺，如图 3-43 所示。

（8）设置完成后在页面的右上角点击“完成”按钮，进入“添加成功”界面，提示商品添加成功，点击“更多商品设置”按钮，进入“选择标签”界面，可以设置商品的标签类别。如图 3–44 所示。

（9）点击“预览”按钮，即可预览商品详情。这时会发现页面多了一项“请选择型号 / 数量”项，点击该选项就可以显示刚才设置的型号及库存数量。如图 3–45 所示。有一点卖家需要注意，就是在编辑商品时，可以选中下面的“店长推荐”单选按钮，该功能在上传新商品时是不会出现的。买家进入店铺后，可以看到有两个大的商品模块，即“店长推荐”和“热卖商品”。

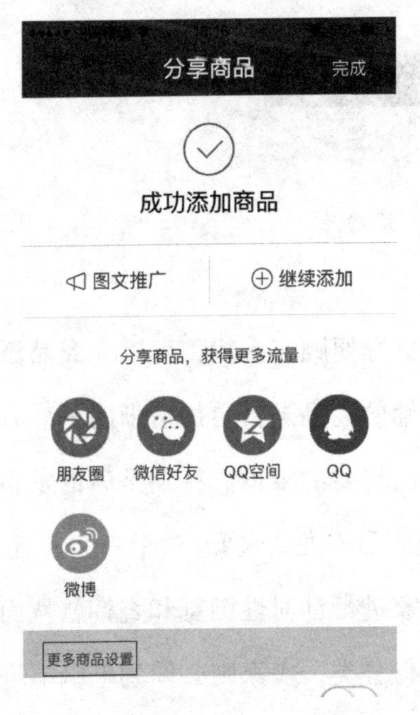

图 3–44　添加完成

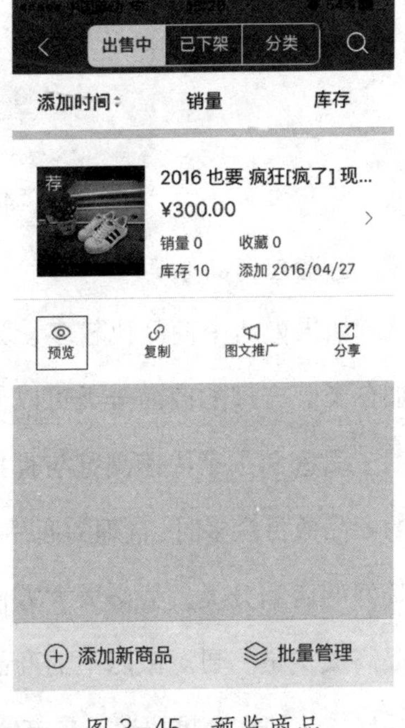

图 3–45　预览商品

所有上传的商品都默认归类为“热卖商品”，但“店长推荐”需要卖家上传商品以后自己主动设置。如图 3–46 所示。

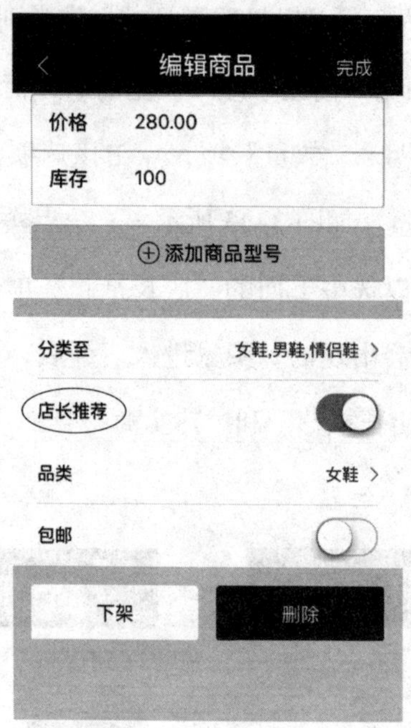

图 3-46　店长推荐

2. 管理商品分类

如果微店中商品比较多，为了更方便顾客查找，可以为商品添加分类。合理的商品分类可以使店铺的商品类目更加清晰明了，有助于卖家和买家快速浏览与查找自己想要的宝贝。特别是店铺发布的商品数目众多时，合理的商品分类则显得尤为重要。对于一个店铺，其好的店铺分类，势必大大方便买家进行针对性浏览和查询，从而提高成交量。要对微店中的商品进行分类，卖家则必须到电脑端进行操作，那样会更快捷、更方便。

（1）微店网页版的推出，对一些更熟悉电脑操作的卖家来说，方便了不少。打开浏览器，并在地址栏输入 www.weidian.com，即可打开网页版微店。输入手机号和微店密码，点击登录，即可进入网页微店。界面详情如图 3–47 所示。

图 3–47 网页微店界面

（2）单击“商品管理”按钮，进入“商品分类”界面，单击“分类管理”按钮，弹出“分类管理”界面，单击“添加分类”按钮，即可添加分类，包括分类名称和排序，如图 3–48 所示，单击“保存更改”按钮即可成功添加。

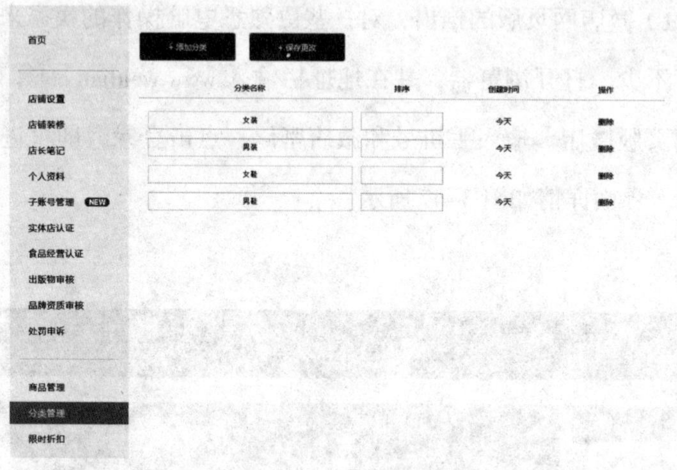

图 3-48　商品分类管理

（3）切换至“商品管理”界面，选中将要被分类的商品前的复选框，单击“分类”按钮，在弹出的列表框中选中相应类别前的复选框，如图 3-49 所示，单击“保存”按钮，即可将所选商品设置在相应的分类中。

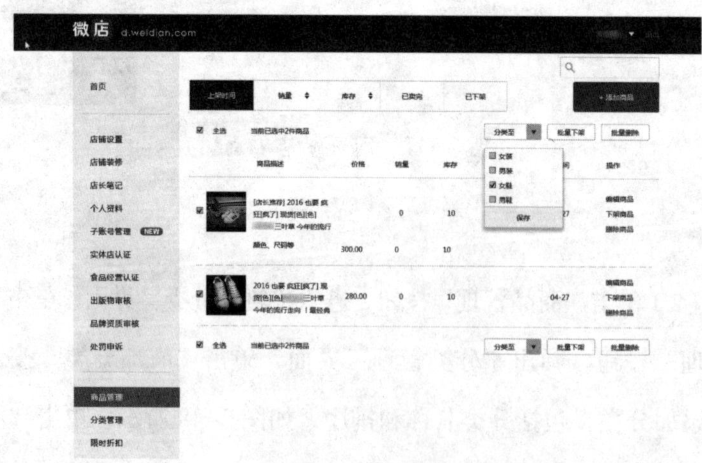

图 3-49　商品分类

（4）在手机上打开微店 APP，进入预览店铺界面，点击“分类”按钮，即可看到商品分类菜单，如图 3–50、图 3–51 所示。

（5）分类成功以后，只要选择相应的商品分类，便可看到该分类下的所有商品。如图 3–52 所示。

图 3–50 点击分类

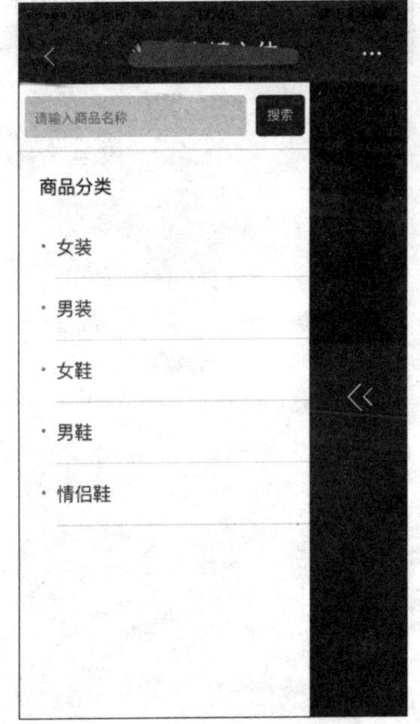

图 3–51 商品分类菜单

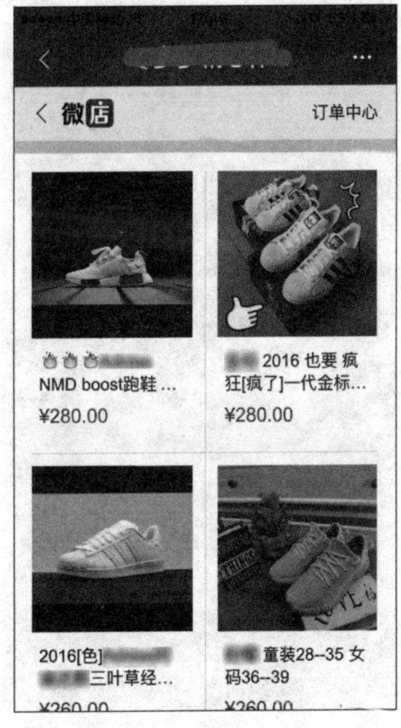

图 3–52 分类下的所有商品

3. 发货

微店的产品一旦卖出去，微店就会向卖家的手机发出提醒信息，这时卖家就可开始给订单发货了，具体操作方法如下。

（1）登录微店后，可以看到“订单”按钮上会有数字提示，有多少订单就会显示相应的数字，点击“订单”按钮，进入“订单管理”界面，便可看到界面中有订单显示“待发货”，按钮右上方的数字表示订单数量，在商品的列表中也会有“待发货”的提示字样。如图 3–53 和图 3–54 所示。

（2）点击“待发货”订单，进入“订单”界面，可以查看该订单的详细情况。如图 3–55 所示。

图 3–53　订单显示状态

图 3–54　订单详情

（3）点击“处理”按钮，在弹出的菜单中点击“发货”选项，接下来需要输入快递单号，为了准确、简捷，建议使用“扫描”功能，这样就可以直接用手机摄像头扫描快递单号来进行输入。扫描输入完快递单号后，你可以选择快递公司，微店 APP 仅列举了常见的快递公司，如果自己选择的快递公司不在其列，则可自行输入，而且输入的快递公司将会自动保存，以便你下次使用。如图 3–56 所示。

（4）当以上信息都填写完毕，检查无误后，点击右上角的“发货”按钮，则完成发货操作。此时，微店会向该买家发送发货通知的短信，以提示买家准备收货。如图 3–56 所示。

图 3–55　待发货

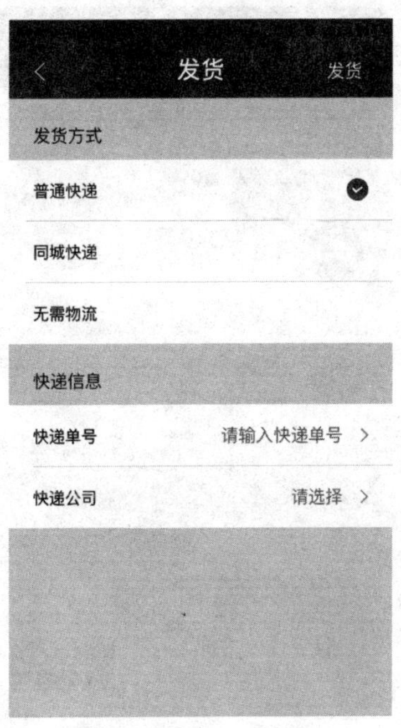

图 3–56　发货完成

4. 管理微店客户

当订单交易成功以后，在“客户管理”界面便会显示相应的买家，点击该买家即可进入“客户详情”界面查看买家详情，如图 3–57、3–58 所示，卖家可以查看客户的收货信息、历史购买数据等，这样有助于卖家分析客户喜好及需求，从而做到有针对性地推销。

如果有客户发送消息给你时，手机通知栏会出现提醒通知，点击该通知就可自动进入“客户管理→聊天消息→微店买家”界面，以快速查看消息详情，卖家可以在该聊天窗口及时回复买家的所有问题。

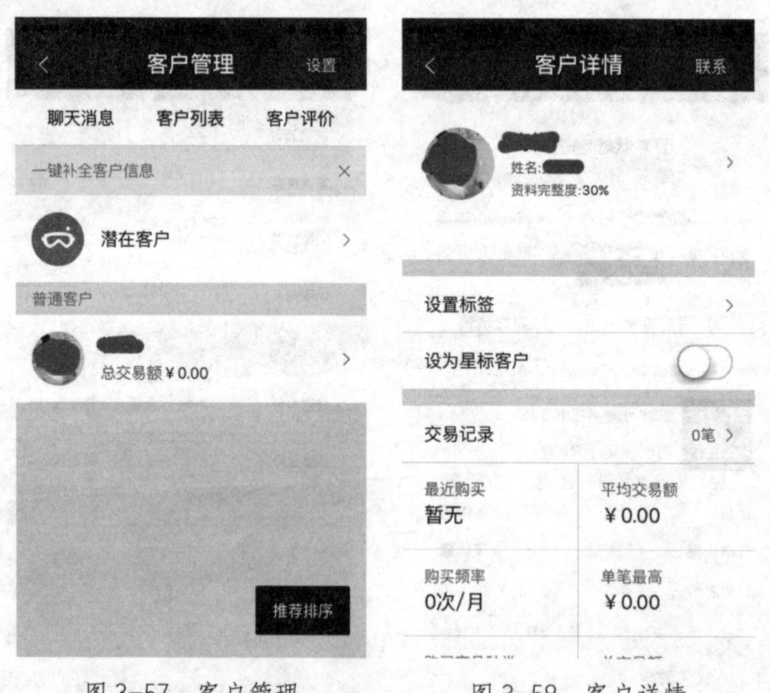

图 3–57 客户管理　　图 3–58 客户详情

5. 查看未付款单及与买家沟通

在订单列表中常常会看到未支付的订单，这种现象很普遍，但关键是如何将这些订单转化为已支付订单，怎样留住这些客户，这才是店主应该加强学习的方面。如图 3–59 所示。

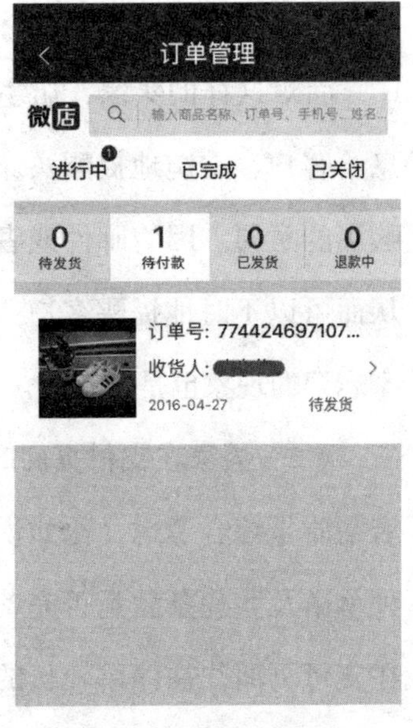

图 3–59 查看未付款单

试想一下，买家拍下了商品，却又不购买，这其中原因何在呢？

我们不妨从消费者的行为角度来分析，造成订单没有支付的原因往往有很多种，通常情况下有可能是消费者自身原因导致临时不便或不能做出购买决定，也有可能是一个网购新手正在熟悉购物流程，当然也不排除是消费者对店铺还存在种种顾虑、对店铺信任不够，致使他们不能立即决定购买，或者是买家在操作到支付环节时出现了犹豫，从而退出支付系统。上述种种原因都很有可能，如果一旦遇到上述情况该如何解决呢？

（1）买家自身原因导致的临时做出的不便购买决定。在实际操作中，也会出现有些订单当时没有支付，可过了几天后又完成了支付。比如，某些买家购买商品时还会争求他人的同意，或者当时没有携带银行卡等，这样的买家大都是在工作时间购物并完成订单后，下班后征询了家人同意及其他自己认为可信的人的认可或找到银行卡后，再支付这个订单。

面对这样的买家，店主应当针对订单适时地发送一封邮件或信息给客户，委婉地提醒买家其之前下的订单还存在，提醒是否还有购买的意愿。因为邮件或者信息一般会在客户那里停留较长时间，从而可以不时地提醒客户。网上购物往往是消费者的即兴行为，买家忘记的现象也是常有的。

（2）买家在支付页面时的各种疑虑。面对这样的情况，要根据店铺质量综合考虑，比如说店铺有没有安全认证，店铺对买家的各种承诺及购物条款是否完备等。如果上述有欠缺，这就会导致买家在支付页面往往停留较长的时间，犹豫是否要直接支付。通常这样的消费者较为慎重，这就要求店主做好店铺的各项基本工作。比如，产品描述、售后服务等，从各方面打消买家的种种顾虑。

（3）网购新手体验购买流程。这种情况在网络购物中一般来说占比不大，可以说这类型的消费者绝大部分只会浏览商品信息和店铺的各个条款页面，通常是不会深入购物流程形成订单。至于真的深入订单环节的消费者，通常只是那些有深度好奇心的消费者。

对于这一类型的消费者，如果你觉得自己的店铺有他们感兴趣的地方，能够引起他们的关注，那就应该让他们记住你的店铺，这样当他们一旦有需求时还会回来。或者他们会将这些内容推荐给自己的朋友，这也不能不说是一种口碑营销的机会。

6. 查看已完成订单及查询快递

卖家已经发货的订单都会在已完成订单中显示，一旦买家还未收到货，他们通常会询问卖家何时到货，或者所发的货目前到了哪里。对订单比较多的卖家来说，可询问买家姓名和手机号码，使用搜索功能，查询买家的订单信息以及当前的状况。

图 3-60　查看已完成订单

当然，卖家也可能告诉买家快递单号，让买家自己查询，但是最好还是将查询好的快递信息发送给买家。实际上，在微信中可以直接查询，如要查询申通快递，添加申通快递的微信公众号后，输入快递单号就能查询到该快递的详细信息，将查询到的信息复制后发送给买家即可。如图 3-60 所示。

7. 查看已关闭订单及与买家重新沟通

对于那些未在规定时间内支付的订单，微店会自动转入已关闭订单中，所以卖家对没有顾得上查看的未支付订单，都可以在已关闭订单中找到，再视具体情况决定是否与买家重新沟通。如图 3-61 所示。

这类订单可参考未支付订单的处理方式进行处理。

图 3-61　查看已关闭订单

8. 登录微店网页版一键导出订单

实际上，当卖家的订单很多，或者卖家在手机上处理不便或者需要别人代发货的卖家，在这种情况下可以登录微店网页版进行处理。

登录后点击“订单管理”。如图 3-62 所示。

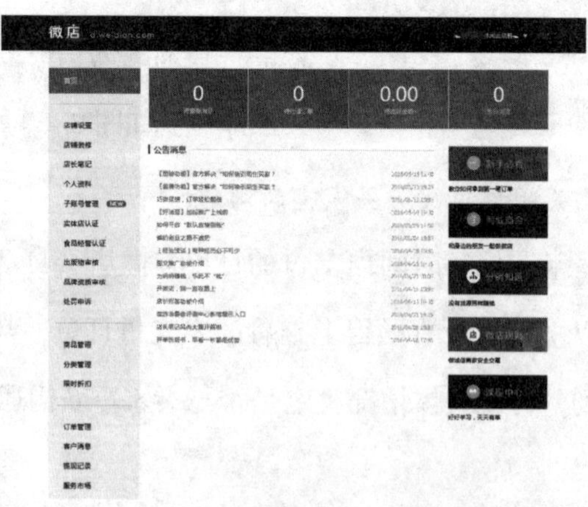

图 3-62　网页版订单管理

进入页面，可选择订单日期、订单类型，点击“导出”按钮，即可以 Excel 表格形式导出订单。如图 3-63 所示。

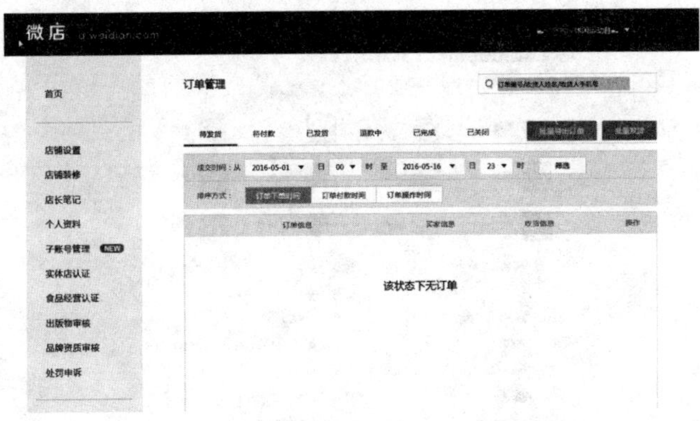

图 3-63 导出所有订单

对导出的电子表格略做处理，便可直接打印快递单。假如需要别人代为发货，这时可将导出的订单发送给对方，让对方发货后，请其尽快填写物流公司及相应的物流单号，最后再把表格返回。

9. 物流配送服务

在网购过程中，物流是一个特别重要的环节，牵动着买卖双方的心。在电子商务时代，物流发展到了集约化阶段，到如今，物流一体化的配送中心仅仅提供仓储和运输服务已经远远不能满足发展的需要。除此以外，还必须有针对性地开展配货、配送和各种提高附加值的流通加工服务项目，同时物流配送服务还可按客户的需要提供其他服务。

通常而言，网络购物，物流是一个不可避免的重要节点，一定程度上，物流速度的快慢、服务态度的好坏都会直接影响到店铺的生意，这是因为在买家的意识里，快递公司和快递员与卖家是紧密相关的，所以说卖家必须找一个好的快递公司进行合作。如图 3-64 所示。

图 3-64 寻找快递公司

（1）选择快递公司。在操作中，卖家应根据产品的情况，尽可能多选几家快递公司，经过一段时间的合作，从中确定能长期合作的快递公司。在选择快递公司时，必须注意以下五点。

第一，发货速度。通常买家付款后，都会焦急地等待货物的到来，因而卖家必须清楚本地快递公司的发货速度，尽可能地选择速度快的公司合作。

第二，快递价格。一般而言，避免选择价格最低的，价格最低的快递公司，其服务质量往往会打折扣，只有合作久了，单子多了，才有实力谈合适的价格。

第三，服务质量。当各家快递的快递价格差不多时，就对比服务质量，对于服务质量好的快递，客户自然也喜欢。

第四，选择收件员。卖家应选择比较老练的收件员，一般而言，老练的收件员，其工作经验多、工作认真，这样的快递员通常不会出现差错，也就避免了在收件发件时出现快递损坏等意外事件的发生。

第五，快递公司的询价。卖家务必清楚并列出每家快递公司的邮费折扣，操作中不妨多咨询一些同行，筛选出几家折扣适中的快递公司，并确定一家合作，其余的作为备用。

（2）做好快件跟踪。卖家务必每天都抽出一定的时间来查看货物的快递情况，查看货到哪了、是否签收等事宜，如果出现没有签收的快件时要及时联系快递公司，看看到底是什么原因而导致的迟延，比如是否在运输途中出现问题、收货人搬家、写错地址，等等。如图 3–65 所示。

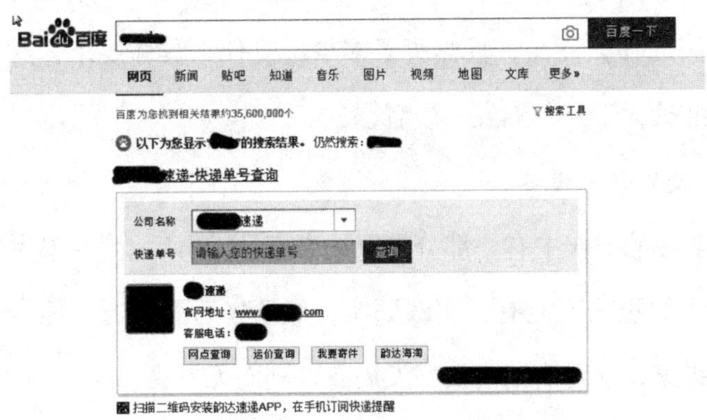

图 3–65 做好快件跟踪

（3）处理好矛盾纠纷。一旦快递员和买家出现纠纷时，必须及时想办法处理好两者的矛盾，尽可能在出现问题的第一时间进行处理。如果是自己的问题，且证据确凿，在这种情况下要勇于承担责任，务必及时对买家进行赔偿或补发货物，以安抚买家。即便是损失已经无法挽回，也要及时诚恳地与买家友好协商，从而达到令双方满意的结果。

为了物流的准确性，在发货前，客服尽可能与顾客确认一下收货地址，这样不但能防止意外的出现，还能让顾客感受到微店客服认真负责的工作态度。此外，最后也不要忘记贴心的问候，这能让买家如同老朋友般交谈，而不是单纯的买卖关系，你的热诚能让每位顾客感到温暖而乐意与你交易。

如果出现商品的快递和发货时间存在特殊的地方，务必在交易前与顾客沟通好。比如，平邮与快递的时间差异，以及卖家能够发货的具体时间。与此同时，发货时要仔细核对订单，务必清楚哪个买家购买的什么商品，具体买了多少，有什么具体要求，这都要十分清晰准确，千万不能发错或者漏发。

10. 做好售后服务

在实际的操作中有一部分卖家认为商品卖出后就“万事大吉”了，其实这样的想法不能有，实践证实，好的售后服务通常能带来更多忠实的买家，这对店铺的良好发展有百利而无一害。

（1）售后服务的作用。对整个交易过程而言，售后服务是其重点之一。也可以这么说，售后服务和商品的质量、信誉同等重要，甚至在某种程度上，售后服务的重要性或许会超过信誉，这是因为在某些时候信誉不见得完全就是真实的，但是适时的售后服务却是没办法做假的。

通常情况下，良好的售后服务会带来两方面的好处。一方面，贴心周到的售后服务能给买家带来愉悦的心情，让其在较长时间内都是你忠实的客户，这就为其以后经常购买你的商品打下了坚实的基础。另一方面，通过售后服务，能大大增加与买家交流的机会，而且还拉近了与买家之间的距离，便于增强信任，这都有助于买家将你的产品或服务推荐给自己的亲朋好友。

（2）售后服务具体事项有以下几点。

①随时跟踪。买家付款后卖家要做到尽快发货并及时通知买家，货物寄出以后要随时跟踪其去向，若有意外要尽快查明原因，并如实告知买家，向其解释说明。

②交易结束了也要做到及时联系。货到以后，卖家要及时联系对方，首先询问其收货后对货品是否满意、有没有破损，如果对方回答满意，这时不忘记让对方确认并评价。如果这些评价都满意了对方就不会违心给出差评。即便真的出现了什么问题，也会因为我们的主动询问，从而缓和气氛，避免了“剑拔弩张”情形的出现，这很大程度上有利于解决问题。因为通常许多事情从情理上来讲争取主动要比被动接受要好很多，当然对那些不讲道理、故意生事的买家而言就另当别论了。

③认真对待退换货。每次发货前，都要对货品做到认真检查，

残次品坚决不能发货，更不能发错货。如果真的是因为运输原因造成货物损坏或者是产品本身有质量问题，当买家要求退换货时，卖家要及时处理问题。

④对待投诉，心平气和。对卖家而言，客户有可能来自五湖四海，其买家性格也各不相同，以及货物运输等各种原因，在交易过程中难免会出现各种各样的纠纷，能和平解决的要尽一切可能和平解决，若遇到居心不良的买家，必要时卖家可拿起法律武器据理力争，从而保护自己的合法权益。

⑤管理好买家的资料。从商时间越长，随着信誉的增长，买家也就会越来越多，那么管理买家资料就变得尤为重要。这就要求卖家不但要记录买家的联系方式，还要记录发货、到货时间；了解买家的喜好、性格、品行，以及在价格或产品问题上是随意还是苛刻等事项。

记录这些资料的作用是当该买家再次购买时可以采用与之脾性相投的方式与其沟通，久而久之就自然而然地积累了与人交往的实战经验。

⑥发展潜在的忠实买家。每次交易结束之后，千万不要以为什么事都没有了，更不能从此冷落买家。适时给之前的买家发出一些优惠或新品到货的信息，这极有可能吸引回头客；每逢节假日不忘发一些问候语，可大大增进彼此的感情……当然，世间人有千千万，也有的人不喜欢这些，这就要求卖家随机应变，从而让更多的买家成为自己忠实的买家。

总而言之，世界之大，买家各不相同，再完美的售后服务也不能做到让每一个买家都如愿以偿，但只要尽心做了，就能收到应有的效果。

第四节　店铺营销高招

目前市场上存在大量的微商培训机构，研究总结了诸多微商店铺营销的方法，但最为常用的、特别适合微信店铺营销的方法有以下几种。

一、事件营销

所谓事件营销，就是指商家通过策划、组织和利用具有新闻价值、社会影响以及名人效应的人物或事件，吸引媒体、社会团体和消费者的兴趣与关注，以求提高企业或产品的知名度、美誉度，树立良好品牌形象，并最终促成产品或服务的销售手段和方式。

事件营销简单来说就是通过把握新闻的规律，制造出具有新闻价值的事件，通过具体的操作，让这一新闻事件得以快速传播，从而达到广告的效果。

商家在运用微信作为传播平台时，首先要充分考虑粉丝喜欢什么样的内容。只有粉丝喜欢的内容才能保证良好的宣传效应和存活效应，否则，自说自话的发布广告内容，只能是自卖自夸，不但会被当作垃圾广告迅速删除，而且得不到任何粉丝的关注，也就谈不上宣传效果了。

事件营销在于找到营销的引爆点，其关键就在于如何找到既迎合用户口味又能正面宣传产品的话题，如何打动消费者则是营销技巧的核心。其最终目的是让自己的产品或品牌深入消费者心里，让消费者从认识品牌、信任品牌到依赖品牌。实践证明，事件营销是网络营销方式中性价比较高的方式之一，因为事件营销能够深入挖掘产品卖点，制造适合网络传播的舆论话题，对于提高产品知名度，效果非常显著。

二、粉丝营销

“粉丝”所代表的是当今的一种消费者潮流——参与化、情感化和圈子化的消费者集群。拥有了粉丝，就能有一个不错的经济收入基础。对商家而言，要想自己的产品能够拥有各个方面的“粉丝”市场，就必须要理解其所面对的消费群体，并且和各个群体建立长久的关系。

所谓粉丝营销，是指商家利用优秀的产品或者产品品牌的知名度拉拢庞大的消费者群体作为粉丝，再利用粉丝相互传导的方式，达到营销目的的商业理念。事实上，在微信店铺运营中，粉丝营销的核心主要是用户体验、用户参与、用户需求，是依靠微信自媒体平台吸引粉丝从而拉动消费的一种营销方式。

三、整合营销

整合营销直观地说就是把各个独立的营销综合成一个整体，共同产生协同效应，为微店创造最大利润。整合营销具体地说是对各种营销工具和手段的系统化结合，根据环境进行即时性的动态修正，以使交换双方在交互中实现价值增值的营销理念与方法。在微信营销中，整合营销的原则包括整合力、洞察力、创意力、执行力和销售力。传播的根本是整合力，传播的前提是洞察力，传播的动力是创意力，传播的保障是执行力，传播的价值是销售力。其中，能把各个独立营销综合成一个整体，从而产生协同效应的就是“整合力”。而那些独立的营销工作则主要包括广告、直接营销、销售促进、人员推销、包装、事件、赞助、客户服务等。

四、大数据营销

企业在营销过程中会产生庞大的数据，这些数据是企业运营的指标，也是企业调整运营策略的参考因素。大数据营销正是基于多平台的大量数据，依托大数据技术的基础上，应用于互联网广告行业的营销方式。如今，互联网的发展带动了云计算、虚拟化、大数据等 IT 新技术的兴起，全新 IT 时代正在来临。也就是说大数据营销衍生于互联网行业，又作用于互联网行业。显然，大数据的兴起和发展成为新 IT 时代行业互联网化最为典型的特征之一。依托多平台的大数据采集，以及大数据技术的分析与预测能力，能够使商家的广告更加精准有效，给品牌企业带来更高的投资回报率，并使微信营销进入了精准营销时代。

微信大数据营销是指通过微信平台采集大量的用户行为数据，帮助商家指出目标受众，以此对广告投放的内容、时间、形式等进行预判与调配，并最终完成广告投放的营销过程。

近几年来，大数据的概念逐渐深入人心，也得到了企业的认可。大数据的应用在不久的将来，一定是企业运营必不可少的部分。

五、自媒体营销

自媒体就是指个人建立的传播信息的渠道。自媒体平台越来越商业化，大多自媒体平台都以盈利为目的。但并不是每个有名气的自媒体都赚钱。任何社会都和它的信息、媒体共生。如今微博、微信的出现，不仅让越来越多的企业开始关注自媒体营销，同时有很多媒体人也开始自己做自媒体。

事实上自媒体是有别于由专业媒体主导的信息传播，因为它是普通大众实施的信息传播活动，由传统的“点到面”的传播，转化为“点到点”的传播，因而特别适合微信小店的商家使用。

六、会议营销

微信会议营销其实是对传统会议营销的发展和创新，通过微信平台，对消费者资料进行整合，分析消费者需求，然后通过朋友圈、微信群和公众号，采用“一对一”或者“一对多”的方式定向投放相关会议的信息，达到组织特定人群参与会议、达到合作的目的。

会议营销的实质就是对目标顾客的锁定和开发，对顾客全方位输出企业形象和产品知识，以专家顾问的身份对意向顾客进行关怀和隐藏式的销售。显然，会议营销对商家出售产品、消费者了解产品都有特别大的帮助。

第四章　不能不懂的微信推广策略

第一节　微信营销

微信是通过网络快速发送语音短信、视频、图片和文字，支持多人群聊的手机即时通信软件。其显著特性就是支持跨通信运营商、跨操作系统平台操作。用户通过微信可以与好友进行形式更加丰富的，如短信、彩信、视频等方式的联系。由于微信软件本身完全免费，仅使用微信时产生的上网流量费由网络运营商收取。早期的微信虽然类似于一个对讲机，只能让用户进行智能语言短信和少量图片的收发，但这在很大程度上已经突破了当时只有文字短信的时代，随着人们的生活与移动互联网结合得越来越紧密，客户需求不断提升，微信的功能也日趋丰富。目前诸如“摇一摇”“漂流瓶”“朋友圈”“公众平台”“语音记事本”“公众帐号”等功能已经相当完善。

一、微信营销概述

所谓微信营销，就是指随着微信软件备受大众青睐而兴起的一种网络营销方式，是网络经济时代企业或个人营销模式的一种。可以通过微信推送信息到智能手机或平板电脑中的移动客户端进行区域定位营销。也就是说微信营销，其实是一种区域定位营销，主要是基于安卓系统、苹果系统的手机或者平板电脑中的移动客户端进行的。商家通过微信公众平台，展示商家微官网、微会员、微推送、微支付、微活动，时至今日已经形成了一种主流的线上线下微信互动营销方式。

一般而言，微信用户间常常是亲朋好友，因而相互间也就是生活、工作等比较紧密的真实关系。不存在距离的限制，只要注册了微信，便可与周围同样注册微信的“朋友”形成一种定向联系，或者订阅自己所需要的信息。通过微信开展网络营销目前已越来越受到人们的重视，也越来越被更多的人使用。只要用户注册了个人微信，便可订阅自己所需要的信息，即关注微信公众号。商家通过提供用户需要的信息，达到推广自己产品的目的，从而实现点对点的营销。

微信公众平台作为微信系统的重要组成部分，其实就是一个自媒体平台，它是腾讯公司在微信的基础上新增的功能模块，通过这个平台可以群发文字、图片、语音、视频、图文消息等内容。事实上个人和企业都可以通过这一平台，打造一个微信的公众号。微信公众账号可以通过后台的用户分组和地域控制，实现精准的消息推送。对普通公众账号而言，则可以群发文字、图片、语音等内容。而那些认证的账号则有更高的权限，不仅能推送单条图文信息，还能推送专题信息。

微信公众平台包括微信服务号和微信订阅号两种，现在大多数企业都先注册订阅号，待关注人数增加到一定数量后会自动升级为微信服务号，当然也可选择不升级。实际上，有的企业会分别申请服务号和订阅号，它们将服务号看作网络贴身客服、给予客户关怀的工具，把企业订阅号当作免费广告发布平台。

显然，微信不同于传统媒体，企业和个人若想利用好微信这一传播手段，就不应当只着眼于微信能卖产品的观念，而是踏踏实实地做服务，提高微信沟通效率，增加与粉丝之间的互动，只有增强了用户黏性，才能更好地利用微信做营销。

二、微信营销的模式演变

如今微信众多功能为客户提供了方便，微信已经逐步成为一种移动社交网络，它不仅支持语音短信和文字短信的交互，用户还能通过LBS（基于用户位置的社交）搜索身边的陌生人并与其互打招呼，可以说已经打破熟人社交的固化模式，将用户身边的人集中在一个平台中进行互动，大大颠覆了传统社交渠道。之所以这样说，是因为微信营销其独有的营销特点：其一到达率高；其二曝光率高；其三精准度高；其四互动性强。

开展微信模式的网络营销，其关键所在就是企业借助微信的各项功能，以及通过微信搜索到庞大的好友群体；而且微信让企业足不出户就可以锁定企业的潜在客户群聚集地，利用微信营销系统向潜在客户群即时发送文字、图片、音频甚至视频等。事实上，现在的微信营销正逐步提升传统的手机营销模式，将原来的短信海量群发模式逐步升级为交互性的营销行为，概括地说有如下几种转变。

（1）从商户信息搜索模式向商户移动客户群搜索模式转变。传统移动营销模式是通过用户对商户进行搜索，而现在商户移动客户群搜索模式则是搜寻某一特定区域内的商家。针对某一特定区域内的商家，用户通过点击“查看附近的人”后，根据用户的地理位置查找到周围的微信用户、商家。在搜寻到的微信用户中，除了能够显示用户的基础资料外，还会显示用户签名档的内容等，而商家则可以在个性头像设置中上传产品的相关照片或广告等，可以说这种免费的广告位对商家来说无疑是天上掉馅饼。因为这不仅可以为自己的产品做广告，而且可以使商家在第一时间得到广告的反馈，如果遇到有需求的买家，就能借助微信在线进行谈判以及时促成交易。

（2）从海量投放手机短信模式向定向用户的互动体验模式转变。如今的微信，在解决了人们被海量的垃圾短信困扰的同时，更让人们感受到了广告也可以做得如此有乐趣的地步。微信的“漂流瓶”功能是从腾讯系统移植而来的，它基本保留了原始、简单、易上手的风格。商家或者个人都可以通过“漂流瓶”功能达到信息传送的目的。

（3）从搜索关键字模式向二维码扫一扫模式转变。以前，我们在手机中获取的信息必须通过点击链接或通过搜索关键词才能得到相应信息，但自从微信推出二维码扫一扫的功能后，就大大简化了这一过程。用户可通过扫描识别另一位用户的二维码身份将其添加为好友，每一位微信用户都能通过微信的二维码定制自己独一无二的标识，显然这是微信带给用户体验的乐趣之一。这项技术可以在任何传统媒介进行发布，商家在其他媒介上投放广告的同时都不忘放上一个二维码邀请客户在微信中进行互动沟通，从而达到推广的目的。

（4）从传统的微博模式向社交分享模式进行转变。微信开放平台能通过开放接口接入第三方应用程序，这标志着微信从传统微博的单一互动模式转向社交分享模式。通过微信的开放平台搜索好友，然后使用朋友圈功能，就可以发布信息、分享自己的乐趣。

（5）从被动搜索模式向主动推送的互动营销模式转变。对大众化媒体、明星以及企业而言，其微信开放平台和朋友圈的社交分享功能的开放，已经促使微信成为一种移动互联网上不可忽视的营销渠道，微信公众平台的上线，则使这种营销渠道变得更加细化和直接。公众平台方可以把新闻资讯、产品消息、最新活动等消息向“粉丝”推送，甚至还能完成包括咨询、客服等功能。而这一切都基于一对一的关注和推送。

三、微信营销方案的制定

我们知道，微信营销是网络经济时代企业营销模式的一种创新，它是随着微信的流行而兴起的一种网络营销方式。用微信公众号营销，简单地说就是向潜在客户提供有价值的广告信息，最终这些客户通过关注自己个人微信号或者企业微信号成为粉丝，从而达到粉丝营销。而要实现这一过程，必须做好以下几方面的工作。

值得强调的是，首先须分清楚计划和方案的区别，计划是一个框架，而方案是这框架里面的具体内容，要把微信营销方式、运营、活动、工作安排和很多细节都写清楚。

1. 营销方案的前期准备工作

利用微信发布营销信息的操作实际上非常简单，但要想让发布的营销信息引起关注则须做好准备工作并具有一定的技巧。

（1）了解微信营销的目的。了解企业做微信营销的目的非常重要，作为企业的营销人员，如果对企业做微信营销的目的都不清楚，那做出来的方案肯定是南辕北辙。因为当你了解到企业的需求后，你才能明确地选择是用服务号还是用订阅号。一些用户在注册的时候选了订阅号，但发现自己其实需要的是服务号，因为新注册的订阅号是不能升级为服务号的，所以只能重新注册了，如果之前用了自家官方名称，那新注册的号在命名的时候就会很麻烦。当然你也可以两个号都开通，不过这就必须考虑两个账号的分工，否则就会自乱阵脚。

（2）分析同行或相关账号。现在有很多微信公众账号的运营者很少关注同行账号，都是以关注自媒体或者一些讲微信营销的账号为主，好像给同行增加一个粉丝自己就吃亏了一样。其实同行才是自己最好的老师，因为在实际操作过程中，很多东西都不需要重新摸索，只需要有一颗谦虚的心向同行学习就行了，完全可以借鉴同行成功的运营方式，或者内容布局。毕竟隔行如隔山，要做一份有行业针对性的方案是需要花大力气在竞争对手身上的，如果企业所处行业在微信上还没有像样的竞争对手，那完全有必要去关注行业内的相关大号。

（3）试营微信账号。方案并不像计划，二者有很大的区别，计划很多时候都靠预估，而方案则要落实到每个细节的内容，包括账号运营的工作安排、分工、每日任务、活动等一大堆内容，要做详细有效的方案需要一定时间做信息收集，而运营微信账号就是最好的信息收集方式。

在试运行的这段时间里，有必要向公司申请一些资源来做些活动，例如对朋友圈转发和带朋友到店消费实施奖励、店面做促销、打折，等等。除此之外，就是与客户互动。客户提问我们回答这种过程只是问答不算互动。真正的互动是需要官方账号主动带动用户交流的，这样做的目的是激发一些有共同想法的人群增强互动，简单来说就是跟客户增进感情。而且还可以尝试与互补的行业账号进行文章内置推荐。简单地说，就是在对方文章底部推荐企业的账号，在企业的文章底部推荐对方的账号。因为大家的客户群大致相同，在产品没有竞争关系的前提下，这样可以快速扩大企业账号的粉丝数量。

（4）分析数据和客户。试营一段时间后，企业营销人员就可以基于这段时间的运营情况进行总结，包括对文章的阅读量和转发量进行分析，分析了解哪一类型文章更吸引目标人群，对客户的反馈，客户互动的情况，还有活动的参与程度和效果都要进行分析，以及这段时间对公司的业务有多少帮助的评估等。企业营销人员可以把这些相关数据汇总成表，然后给每组数据做一总结，以备企业之用。

（5）分配人员任务。依据之前运作的情况，企业营销人员会大致了解需要什么人员来负责什么内容，工作和任务如何安排，还有绩效考核如何评定。比如说我们会按照文章阅读量和转发量，用户内容信息查询数量、互动效果、活动效果等来评定绩效，当然最好还是尽量不要把销售业绩加入绩效考核中，不然会加大员工的压力，进而影响运营效果，而且有些账号只有一个人在做。

对于前期准备的资料，通过分析整理汇总之后，就可以开始撰写微信营销方案了。

2. 微信营销的流程

（1）搭建平台，做好定位。

（2）精选商品。目前在微信上销售较多的是化妆品与餐饮类产品。

（3）圈定客户，增加粉丝数量。在实际操作中有很多增加粉丝的方法，只是大家在圈粉前要跟前面的定位做好配合，同时要明确你经营的粉丝是男还是女，你的定位是批发还是零售，等等，这些情况都要分析考虑好。

（4）开始运营。运营微信过程中有三点比较重要，一是和客户做好互动，二是提供优质的内容，三是组织有创意的集赞活动。

3. 微信营销方案的内容及事项

（1）竞争对手分析。每一个营销方案，重点是要把有价值的信息写出来，而且是能立刻吸引客户眼球的信息。一份好的营销方案，一般开篇总会写竞争对手分析，它们是如何用微信账号来提供服务或推广其产品的。在现实中多数方案都会在开篇写个前言，说一下微信用户数量，微信功能的强大，这些开篇话对方案来说毫无价值，完全可以省略。

（2）微信营销的价值分析。竞争对手分析完后，接下来就应该分析微信能为企业带来什么价值，中间记得写上企业名称，出现企业名称后再给人看方案就会让人有该方案是量身定制的感觉。主要分析目前企业哪些业务或产品可以放在微信上提供服务和营销推广，通过对竞争对手的微信账号进行分析对比，建议公司使用服务号或订阅号，如果这里加入前期运作的数据分析会更好，最后写上微信营销能给企业带来什么好处，如使业务更便利、更好维护客户、提升业绩之类等。

（3）活动情况。这里可以列出做活动后的效果、报名人数、客户转化等，再通过分析总结活动中好的方面和有待提高的方面，还可以对企业今后结合微信应该做哪方面的活动做前期的设想等。注意这里的内容是重点，务必要写得内容充实，主次分明，重点突出，方便日后做微信活动时可以申请更多公司资源。

（4）消费者最关心的内容。通过与消费者交流，营销人员根据实际情况总结一些他们关心的话题。例如，消费者期望的产品功能、服务环节哪里不完善、投诉最多的问题、有哪些地方可以改进等都列出来。

（5）微信账号运营计划。在这里要把微信账号的内部栏目设计、运营方式、营销方式都写出来。例如，每天发些什么内容的文章，自定义菜单有哪些栏目及对应栏目的内容，该内容有什么作用，微信账号如何推广等。最好能在这里写一下近期会做的活动计划，顺便可以申请活动支持，是否需要购买微信第三方系统等，并将上述活动做出费用列表，最好能注明哪些是重要的，这样方便申请费用。此外，需要客户单位里面哪些部门配合，以便事先沟通好，或在开会前先让他们知道。

（6）工作分配及账号发展。实际工作中，如果是一个团队，这就有必要列出里面每个人负责的工作及工作的具体内容等。特别是对更新、客服、推广的工作要说得尤为清楚。除此之外，就是账号的发展，预估未来该微信账号粉丝增长量，预估对公司业务和产品的帮助有多少等，等等。

四、微信支付及微信钱包

通过微信支付功能，让微信在微信平台内部交易完整闭环的雏形逐渐建成，这主要体现在，包括商户入驻、营销、支付、客户服务的整体服务平台；在对微生活服务、移动游戏、增值服务等方面，微信支付将提供全面支持，从而成为微信商业化过程中不可分割的一个核心组成部分。除此而外，微信生活平台“购物场景”的不断增多，越来越多的个人用户将微信与银行卡绑定，这都让微信成为用户名副其实的随身小钱包。

图 4-1　登录微信

（1）绑定银行卡。实践证实，微信添加的银行卡支付功能，给手机购物、话费充值等提供了诸多便利，下面就着重介绍一下在微信里到底如何逐步添加银行账号以及解除绑定，其具体操作步骤如下。

①用手机登录微信，点击主界面下方右端的“我”按钮。如图 4-1 所示。

②进入“我”界面，可以看到该界面中有四个模块，点击“钱包”模块。如图 4–2 所示。

③执行操作后，便弹出“我的钱包”界面，点击“银行卡”按钮。如图 4–3 所示。

图 4–2　点击钱包按钮

图 4–3　点击银行卡按钮

④进入“银行卡”界面，点击“添加银行卡”按钮，如图4-4所示。弹出填写银行卡卡号界面。如图4-5所示。

图4-4　添加银行卡

图4-5　填写银行卡卡号

⑤输入以后，点击“下一步”按钮，弹出“填写银行卡信息”界面，选择银行卡的类型，输入能接收验证信息的手机号码，选中“同意《用户协议》”复选框。如图4-6所示。

⑥点击“下一步”按钮，随之弹出“验证手机号”界面，点击“获取验证码”按钮，就会在之前填写的手机上收到一条验证信息。如图4-7所示。

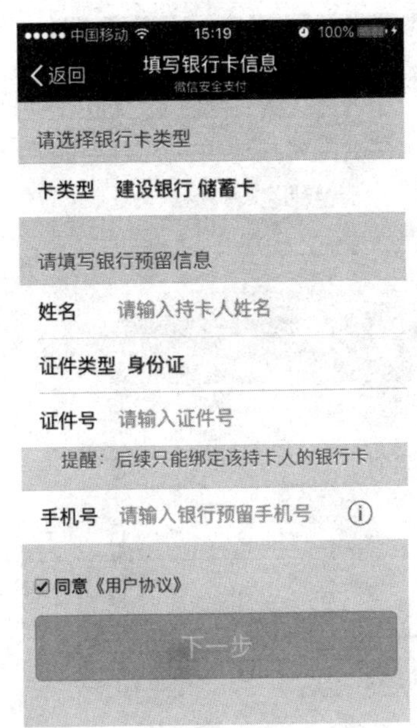

图 4-6 填写银行卡信息

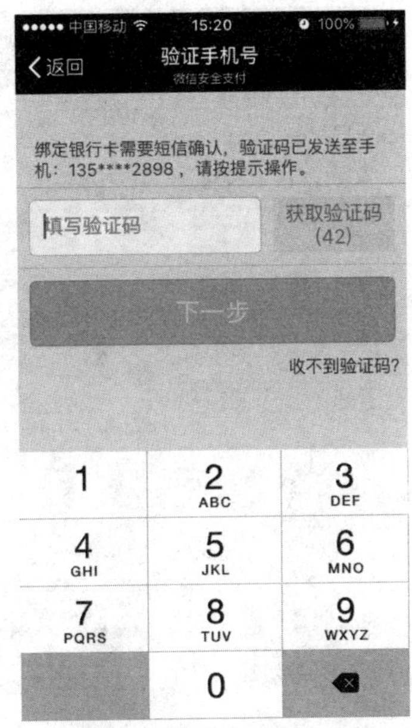

图 4-7 输入验证手机号

⑦把获取的验证码输入文本框中，点击“下一步”按钮，进入“验证支付密码”界面，输入相应支付密码。如图 4–8 所示。输入一遍后，会弹出一个再次填写以确认的界面。如图 4–9 所示。重新输入密码后，点击下一步。

⑧微信与银行卡账户绑定成功之后就能使用在线支付功能了。如图 4–10 所示。

⑨如果用户想要解除银行卡绑定或者更换银行卡，这时只要选择相应银行卡，进入“银行卡详情”界面，点击该界面右上角的“…”按钮。如图 4–11 所示。

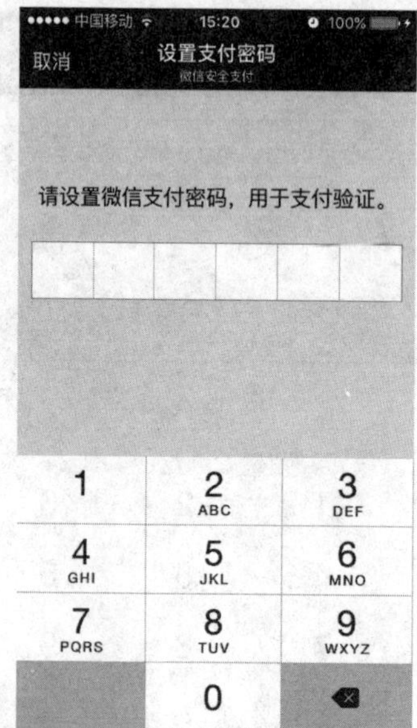

图 4-8　输入密码

图 4-9　再次输入密码

图 4-10　银行卡绑定成功

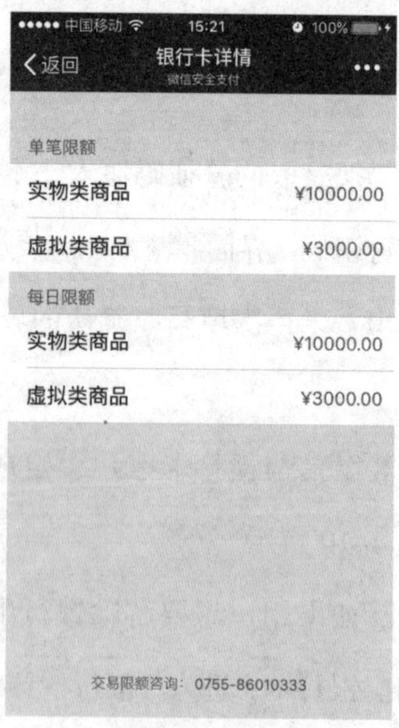

图 4-11　银行卡详情

执行操作以后，在相应的界面点击“解除绑定”按钮。如图 4–12 所示。

再次弹出解除绑定的温馨提示对话框，点击“解除绑定”按钮。如图 4–13 所示。

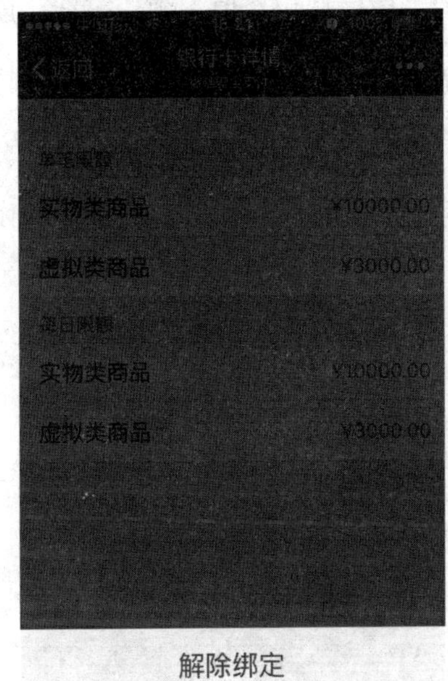

图 4–12 解除绑定

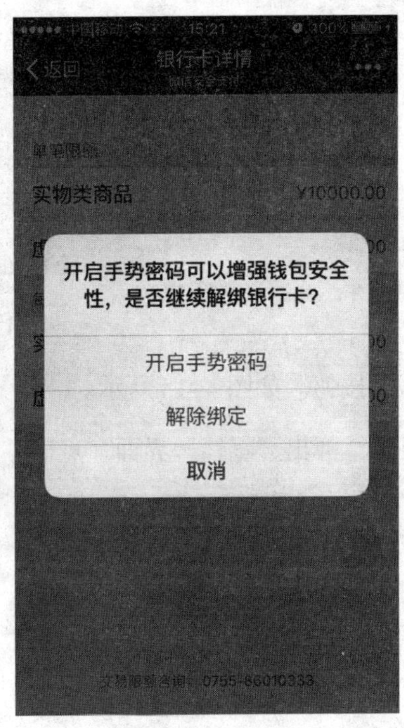

图 4–13 温馨提示

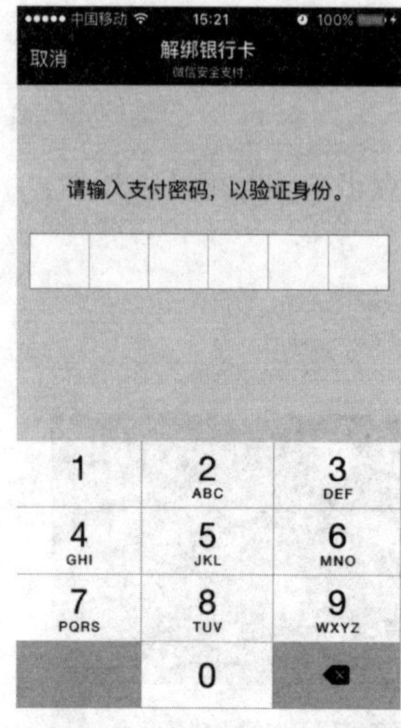

4-14　银行卡解绑成功

这时系统会提示用户输入早已设置好的支付密码，验证成功后，即可解除这张银行卡和微信的绑定。如图 4-14 所示。需要更换绑定新的银行卡，只需重复绑定银行卡各步骤即可。

（2）微信钱包充值。微信零钱，该功能是微信新增的一个很实用的功能，在生活中，用户可以把平时的零用钱安全地存放到微信上。该功能的具体操作方法如下。

①进入“钱包”界面，点击上面的“零钱”按钮。如图 4-15 所示。

②弹出“零钱”界面，点击“充值”按钮。如图 4-16 所示。

图 4-15　钱包充值

图 4-16　点击充值按钮

③弹出“零钱充值”界面，填写金额。如图 4–17 所示。

④输入安全支付密码。如图 4–18 所示。

⑤操作完成后，即充值成功。如图 4–19 所示。

⑥点击“完成”按钮，随后返回“零钱”界面，这时再看“我的零钱”中金额已经发生了变化。如图 4–20 所示。

图 4–17　填写金额

图 4–18　输入密码

图 4–19　充值成功

图 4–20　确认金额

（3）扫描二维码支付。现在多数网购平台都支持微信支付，所以用户完全可以使用微信进行扫码付款。当用户在购物平台选好自己需要购买的商品，并填写好订单以后，就可以选择“微信支付”进行付款。在实际操作中，用户除了在线扫描二维码付款外，还可以在线下进行扫码支付。下面以“易迅网”为例，介绍一下微信扫码支付的具体方式。

①用户进入付款界面，选择“支付平台”→“微信支付”选项，再点击“确认支付方式”按钮。如图 4–21 所示。

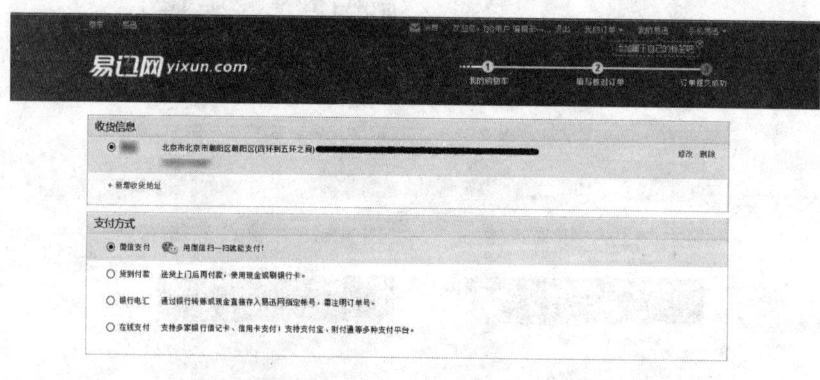

图 4-21 微信支付

②订单信息确认无误后，单击“立即付款”按钮，网页会自动生成微信付款的二维码。如图 4–22 所示。

③用户打开“扫一扫”功能，扫描网页上生成的二维码。如图 4–23 所示。

图 4-22 生成二维码

图 4-23 扫描二维码

④扫描二维码成功以后，自动跳转至“微信安全支付”界面，点击“立即支付”按钮。如图 4–24 所示。

⑤输入支付密码，点击“立即支付”按钮，微信扫码支付完成。如图 4–25 所示。

图 4-24　微信支付界面

图 4-25　输入支付密码

第二节 微信公众号平台及公众号

微信账号可以分为个人账号和微信公众账号，微信公众号通俗地讲，就是面向公众的一个沟通渠道。公众账号只能在微信公众平台的网页上登录，不能在手机微信客户端上登录，登录的账号可以是邮箱、微信号和早期注册的 QQ 号。

一、微信公众平台简介

可能大多数人都知道，微信公众平台的广告语是“你的品牌，让亿人看见”。微信公众平台的目标用户就是企业和机构等，可以说它向所有用户打开了一个门户，让所有用户的信息和资本在这里高速流通。

下面我们来看一个报告，这是微信对于朋友圈营销的一些分析。（注：月流水超过 1000 元在统计范围里面。）下面是关于朋友圈客户来源的分析。如表 4–1 所示。

从表 4–1 观察可知，大部分商家客户来自自己的公众号。很多人先建立自己的微信公众号，因为公众号的媒体属性，可以通过朋友圈、互推等方式获得微信用户，再从这部分用户里寻找到需要买货的精准用户。微信公众号导入粉丝，也是很多微商采用的主流模式。

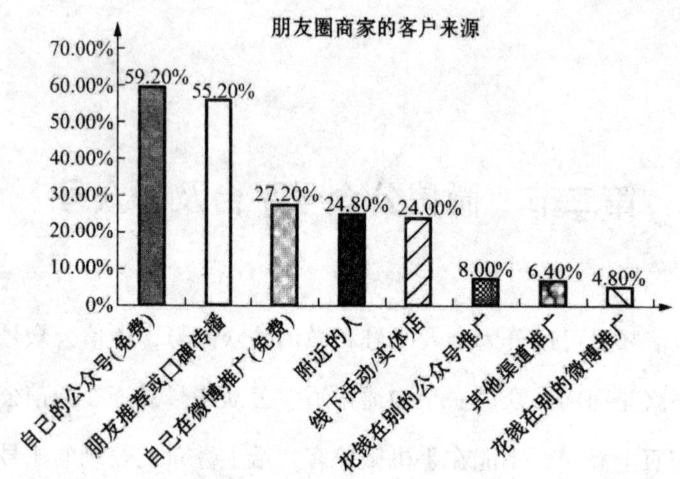

表 4-1　商家的客户来源

一般而言，公众平台所推送的所有信息都会直达手机端，所以属于强关系，其影响力远胜于微信其他媒介，它所推送的每条微信基本上都会被用户看到。人们所熟知的微信公众号又可分为服务号、订阅号和企业号，各类号的特点和功能，下面加以介绍。

1. 服务号

服务号是应人与商业之间的联系需求而诞生的，因而服务号的角色不仅是一个服务者，还是一个领导者。

一般来说，服务号是企业申请注册的，通过服务号可以帮助企业快速实现新的公众平台，与此同时，实践说明通过认证的服务号其信任度一般都会得到大幅度提升。通常企业和组织的服务能力与用户管理能力都能通过服务号来提供，而且企业的全新公众号服务平台也能在服务号的帮助下得到快速实现。通常做客户服务的使用服务号较多，如银行和企业。

服务号的特点主要有以下几点：

①1 个自然月内只允许发送 4 条群发消息。

②发给用户或者粉丝的消息，都会在对方的聊天列表中显示。

③用户在收到推送的消息时，都会收到即时的消息提醒。

④服务号都会显示在订阅用户或者粉丝的通讯录中。

⑤服务号可免费申请自定义菜单，无须认证。

⑥微信认证后，服务号才可以申请微信支付，微信支付开通后，可在服务中心申请开通“微信小店”功能。

2. 订阅号

微信最初的形态就是一个人与人之间联系的社交工具，在这众多的联系人中有熟人和陌生人，在和他们联系沟通的过程中，就诞生了朋友圈和订阅号。事实上订阅号的作用就是媒体社交，通常情况下自媒体或媒体提供的内容都是读者用户感兴趣或有价值的优质内容，从而也就与关注者建立起关系或者帮助用户认可自身品牌。

实践证明，通过订阅号在为媒体和个人提供一种新的信息传播方式的同时，也构建了与粉丝之间更好的沟通与管理模式。

订阅号的主要特点如下：

①每 24 小时内只可以发送 1 条群发消息。

②每次发给用户或者粉丝的消息，都会在对方的微信订阅号文件夹中显示。

③阅读用户或者粉丝在收到发送的消息时，不会收到即时消息提醒。

④订阅号通常显示在订阅号文件夹中。

⑤在付费并申请腾讯的微信认证后，订阅号才能获得自定义菜单。

⑥订阅号不能申请微信支付功能，因而订阅号也就不能用于微信开店。

3. 企业号

微信企业号的开启，是实质性的实现“微信连接一切”的标志。订阅号连接了人与人、服务与商业，而企业号则使企业信息传递在时间和空间上的割裂状态得到了打破。

企业号能帮助政府事业单位和非政府组织建立与员工、上下级供应链及内部 IT 系统间的连接，如企业、政府机关、学校、医院等，与此同时还能有效地简化管理流程、提高信息的沟通和协同效率、提升一线员工的服务及管理能力。

企业号的主要功能着重体现在以下几个方面：

（1）对人事的管理。企业能根据不同的部门特点，通过企业号建立相应的人力资源库，如通讯录、职位、工资等。

（2）对业务环节的监控。对企业而言，完全可以通过企业号来控制企业生产经营过程中的采购、仓储、销售等业务流程的全程监控。

（3）方便行政事务的管理。企业也能利用企业号来进行上报、审批、文件下达、执行进度监控等操作。

（4）进行无线沟通。事实上企业号完全可以实现诸如领导和员工间“一对一”谈心、“多点”的网络会议、和客户“权限范围内”的沟通等多种沟通方式。

很显然，微信企业号与微信订阅号和服务号是完全不同的，微信企业号是为企业员工或合作伙伴提供的一项专门服务，相比之下更有针对性。微信企业号一旦开通，其群发消息的次数将不再受到限制，对接口的限制也比较小，而且还具备了消息主动下发能力等功能。

总而言之，一个办公移动化的时代随着微信企业号的开通而随之到来，人们日常的各种会议、交流、分享、讨论，随时随地在手机屏幕上就可以搞定。很显然，这种办公方式的普及最终必将改变人们的日常工作习惯。

二、微信公众平台的运营

1. 公众平台的注册条件

微信在刚刚推出之时，着重面向媒体、企业等第三方的公众平台，审核的方式主要采用人工。而微信公众平台则主要是面向名人、政府、媒体、企业等机构推出的合作推广业务。其合作推广的业务通过微信渠道，直接推广给上亿的微信用户，如此减少宣传成本，提高品牌知名度，从而打造更具影响力的品牌形象。

对那些想在微信上开店的商家而言，要想达到开店愿望，必须满足的先决条件是：

①必须是服务号。

②开通微信支付接口。

其中，服务号和微信支付都要通过企业认证。实际中很多企业或个人无法完成微信公众平台的开通，主要是因为知名度、资质、粉丝要求等条件不达标。因此，要开通微信公众平台，必须做好以下准备工作。

（1）确定账号类型。按照规定，每一个个人和企业都能申请两个平台账号、服务号或者订阅号。服务号一经申请成功无法修改账号类型，而订阅号则能升级为服务号。在申请之前，用户必须明确自己的需求，确定账号的类型。

（2）注册资料准备。注册开始前，只要准备好注册资料，就能一步填写完，用不着浪费时间，在提高效率的同时，也大大提升了申请成功的几率。

个人注册需要准备的资料主要包括以下十个方面：

①身份证号。

②真实姓名。

③手机号码。

④申请人的手持身份证照片。

⑤保证开通的固定电话号码。

⑥个人所在城市。

⑦个人工作单位名称。

⑧个人从事的职务。

⑨个人住址。

⑩个人工作单位地址。

以上所准备的资料中，除“个人住址”和“个人工作单位地址”是选填以外，其余资料都是必填内容。

企业申请需要准备的资料包括。

①企业名称、企业地址。

②企业邮箱。

③企业成立日期、营业期限。

④企业所在地邮编。

⑤营业执照注册号。

⑥营业执照所在地。

⑦企业经营范围。

⑧企业注册资本。

⑨企业营业执照副本扫描件。

⑩组织机构代码。

另外，还需要运营者的资料包括：

①运营者真实姓名。

②运营者身份证号。

③运营者手持证件照片。

④运营者职务。

⑤运营者手机号码。

⑥授权运营书（打印出来签名盖章后扫描上传，也可以拍照）。

以上这些资料都准备好后就可以申请了。

2. 注册微信公众平台

准备好了相关资料，明确了自己的定位，接下来就可以注册微信公众平台了，具体操作方法及步骤如下。

（1）登录微信官方主页（http：//weixin.qq.com），在导航栏上点击“公众平台”按钮。如图 4–26 所示。

（2）操作之后，进入微信公众平台主页，点击右上角的“立即注册”链接。如图 4–27 所示。

图 4–26 登录微信官方主页

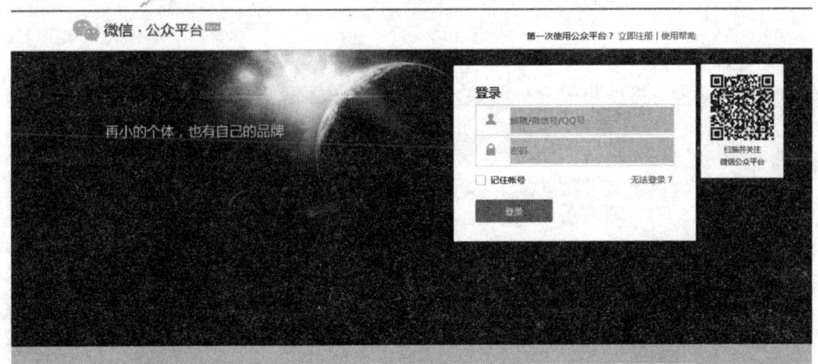

图 4–27 开始注册

（3）操作之后，进入“基本信息”页面，按要求依次输入“邮箱”“密码”“确认密码”“验证码”等信息，复选“我同意并遵守《微信公众平台服务协议》”。如图 4–28 所示。

（4）点击“注册”按钮，进入“邮箱激活”界面，登录注册时填写的邮箱，接收激活邮件。如图 4–29 所示。

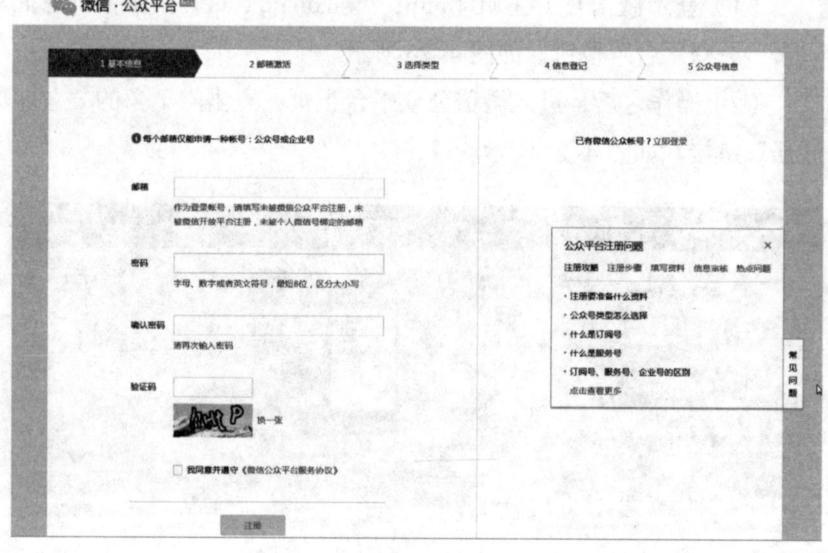

图 4–28　填写基本信息

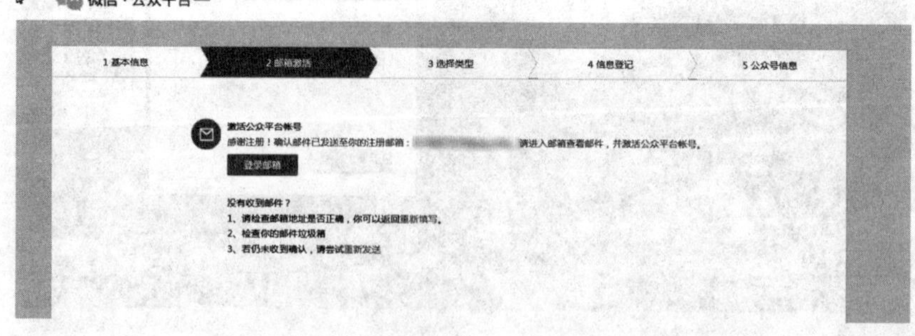

图 4–29　进入邮箱激活界面

（5）点击“登录邮箱”按钮，邮箱登录成功后，在收件箱中打开微信团队发送的“激活你的微信公众平台账号”邮件，单击链接激活。如图 4-30 所示。

（6）操作完成后，跳转至“选择类型”页面，选择公众号的类型。如图 4-31 所示。

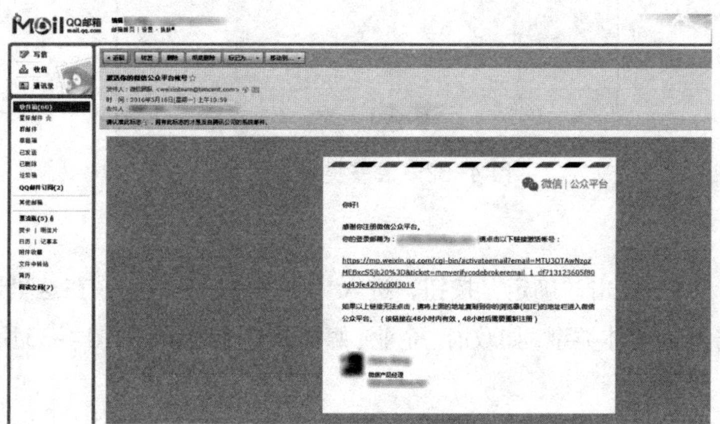

图 4-30 激活邮件

图 4-31 选择公众号类型

（7）若想开微信小店，则必须选择“服务号”，这时会弹出“温馨提示”对话框，提示用户相关注意事项。如图 4–32 所示。

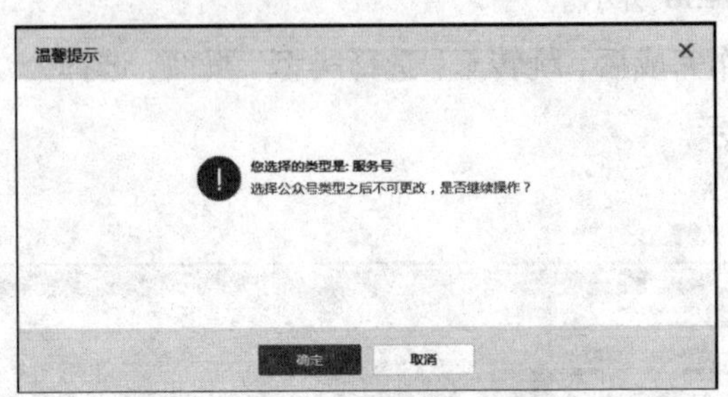

图 4–32　温馨提示对话框

（9）点击“确定”按钮，进入“信息登记”页面，在这里选择服务号的主体类型，如政府、企业、媒体及其他组织。如图 4–33 所示。

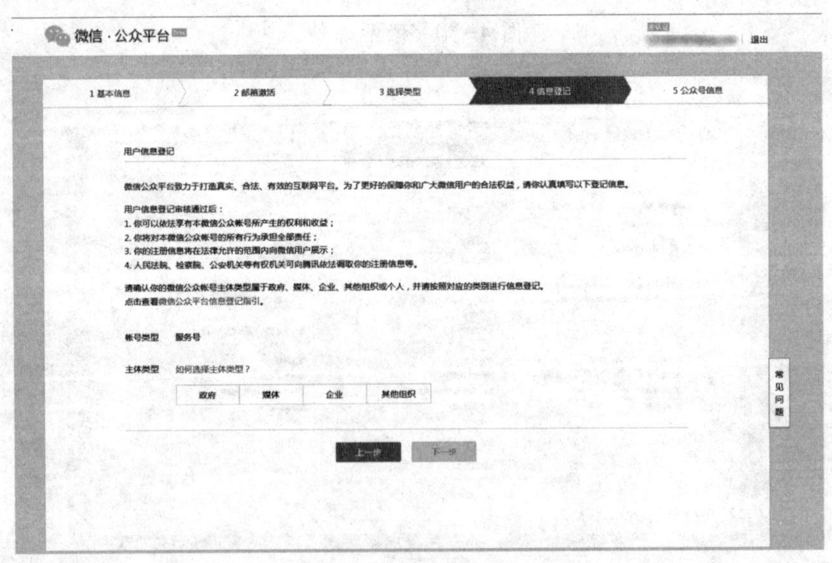

图 4–33　选择主体类型

（10）商家通常选择“企业”主体类型，点击“下一步”按钮，在弹出的页面按照对应的类别进行信息登记，最先一项就是“主体信息登记”，主要包括企业名称、营业执照注册号、营业执照扫描件。具体如图 4-34 所示。

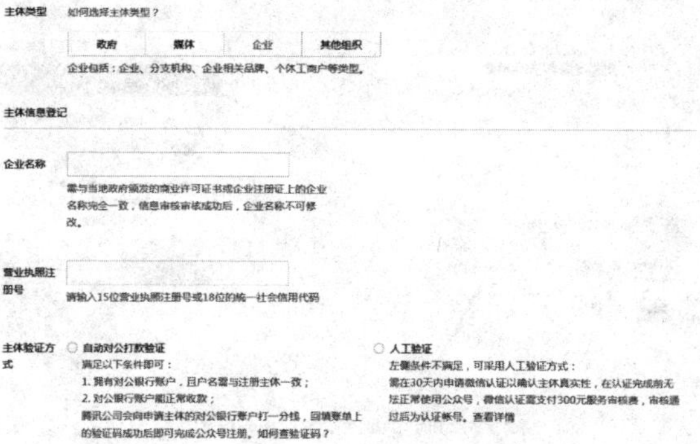

图 4-34 填写主题信息

（11）接下来是“运营者信息登记”，这里主要包括运营者身份证姓名、运营者身份证号码、运营者身份验证方式、运营者手机号码、短信验证码等信息。具体如图 4-35 所示。

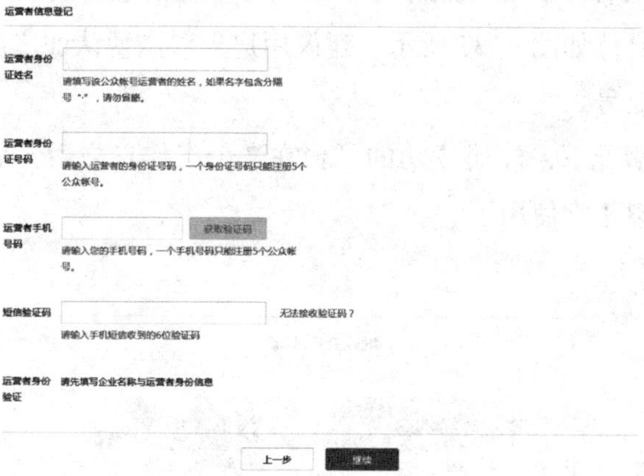

图 4-35 填写运营者信息

（12）所有的信息登记完成之后，点击“继续”按钮，进入“公众号信息”页面，在这里设置相应的账号名称、功能介绍、运用地区、语音与类型等。具体如图 4-36 所示。

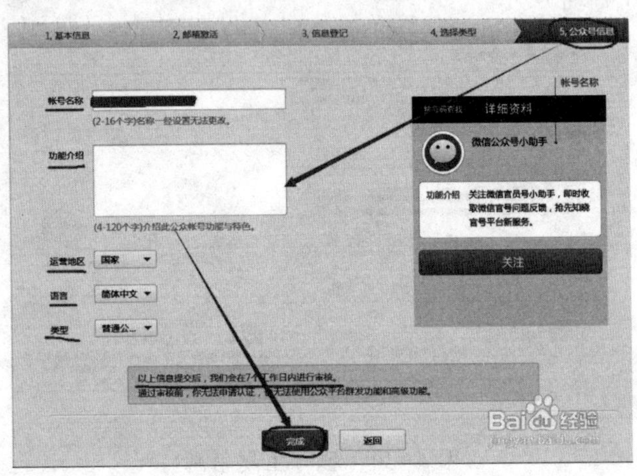

图 4-36 设置公众号信息

（13）点击“完成”按钮，若用户申请的是订阅号，则到此就完成了；但若注册的是服务号，在填写平台信息之前还必须进行微博认证。具体如图 4-37 所示。建议用户先对微博认证之后，再去申请微信公众号。

一般情况下，注册成功的平台在 7 个工作日之后，后台的所有功能就可以正常使用了。

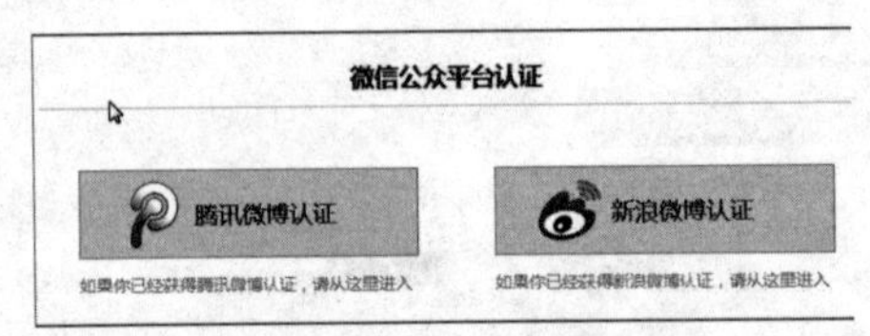

图 4-37 微博认证

3. 公众平台上的消息发布

要想在公众平台中发布消息，需要先到素材管理中添加素材，添加好素材之后，选择群发消息将内容发布给好友。在消息发布时，可以选择发送对象，也就是说可以针对所有人或个别用户发布内容。

（1）在微信公众平台点击“功能”→“群发功能”按钮，第一次使用时会出现一个提示对话框，需要点击“同意以上声明”按钮，才能进入消息发送页面。如图 4–38 所示。在“群发功能”页面，切换至“文字”编辑区，编辑文字内容。如图 4–39 所示。

图 4–38　提示对话框

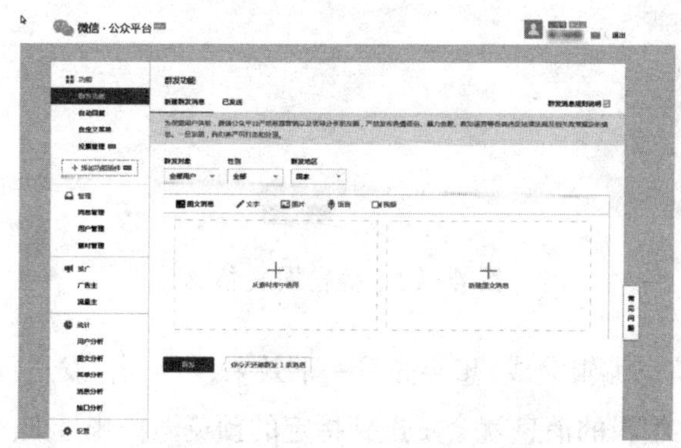

图 4–39　文字编辑区

（2）若想发送语音、图片、视频，只需点击对应标签即可，对于想要发布的内容，可以是本地上传的或在已上传的素材库里选择；发图文消息，要先进行图文消息的编辑，之后进行选择，所有步骤根据提示操作即可。消息内容确定之后，点击“群发”按钮，这时系统会提示用户，是否确认发送，点击“确认发送”按钮，则完成消息的发送。

（3）发布图文信息的目的，就是将你的店铺内容推送给用户，用户通过手机微信点击“查看全文”链接，就能看到已发送的对应网页。需要提示的是，图文信息发送前，先要上传图文信息里面的素材文件，然后进入“单条图文消息”→“新建单条图文消息”界面，然后填入对应的信息。如图 4-40 所示。

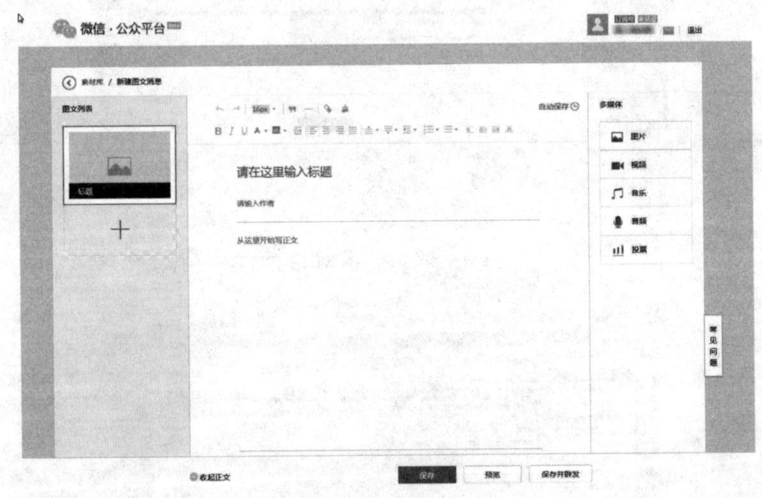

图 4-40　编辑图文信息

（4）消息编辑完成，想要先看一下效果，可点击“发送预览”按钮，若不需要，编辑的消息就会发送到指定的预览微信账号上。如图 4-41 所示。

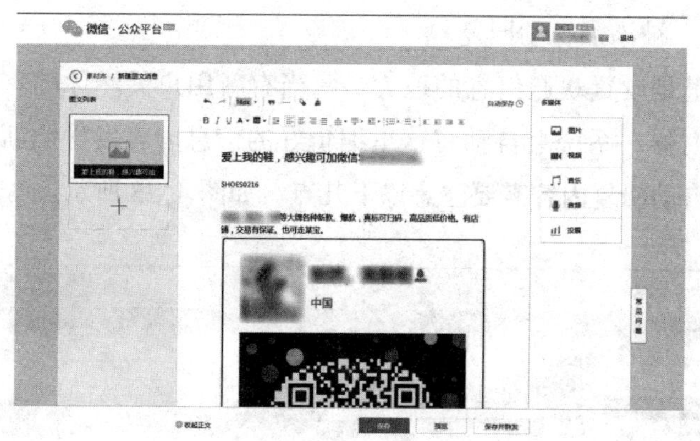

图 4-41 群发消息

4. 微信公众账号互动功能

微信公众平台中有一部分功能，若利用好可以提高账号的互动性。操作中用户可以通过回复特定的代码数字，自助查看想要了解的内容。点击微信公众平台上的“自动回复”按钮，弹出“自动回复设置”界面，界面上有3个功能按钮，分别是“被添加自动回复”“消息自动回复”“关键词自动回复”。如图 4-42 所示。

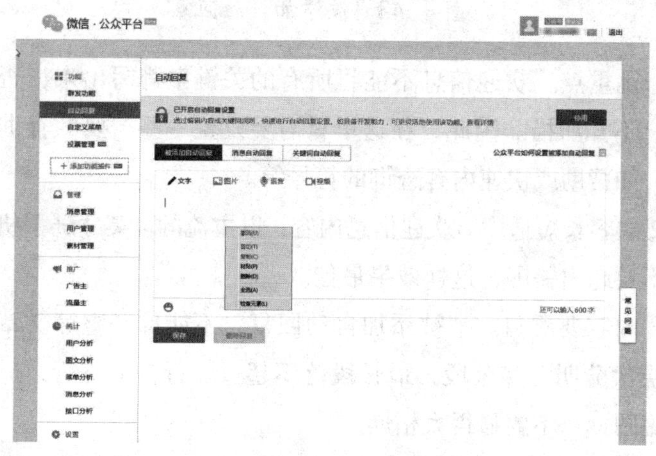

图 4-42 自动回复功能设置

（1）被添加自动回复

这里是设置欢迎信息的地方，每当有新用户关注你的官方微信账号的时候，系统会自动将这里编辑好的信息内容发送给新用户。被添加自动回复内容需要注意以下几点。如图 4–43 所示。

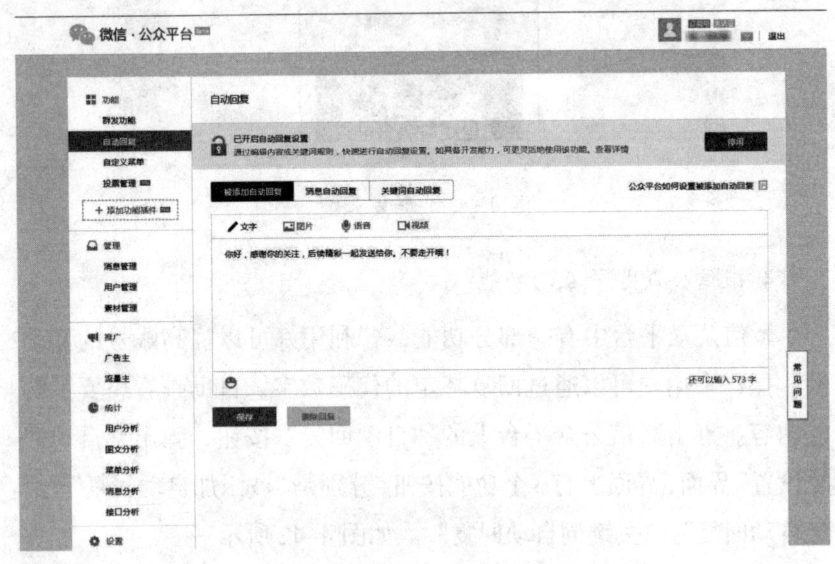

图 4–43　被添加自动回复

①挑重点。欢迎信息不能将所有的关键字都写出来，否则，会让用户不知所措。因此，在这里只需要设置一些主要的查询关键字就行，如帮助或快速内容查询的符号等。

②内容长短适中。欢迎信息内容，以主流的 4 英寸屏手机为例，尽量不要超出一屏，这样效果最佳。

③内容要醒目。“被添加自动回复”不能像一整篇文章似的，最好层次分明，多分段，最长段落不超过 3 行，多空行，适当添加些点缀图标，不要显得太枯燥。

④内容要有创意。设置的内容要有个性，富有创意。比如，在

情人节时，用玫瑰花或红心图标拼出两个心形，这样既吸引眼球也烘托节日气氛。

（2）消息自动回复

当用户发送一些你没有在后台设定好的关键字或无效信息时，系统的消息自动回复就将这样的内容发送给用户，提醒和引导用户使用正确的关键字进行查询。如图 4-44 所示。这样的提醒和引导信息会引导用户回到正确的使用途径上。

图 4-44　设置消息自动回复

（3）关键词自动回复

微信公众平台的内容中心就是“关键词自动回复”，在这里添加所有需要实现交互的内容，即设定关键字绑定之前做好的素材内容，这样用户就能通过关键字精准查找他们需要的信息。

5. 关注公众号的方法

对用户而言，要想享受卖家在微信公众平台上推出的优惠和便利，只需要添加卖家的公众号就可以，通常添加的方式有三种，即通过关键词查询、账号查询和扫描二维码。

（1）通过关键词查询

利用微信的搜索功能，用户可直接查找相应关键词。

①在微信主界面，点击“通讯录”按钮，在弹出的界面点击“添加”按钮，进入“添加朋友”界面，点击“查找公众号”按钮，输入关键词并点击“搜索”按钮，随之出现搜索结果。如图 4-45 所示。

图 4-45　查找公众号

②点击对需要添加的公众账户，查看详情，点击“关注”按钮，完成公众号的添加。如图 4-46 所示。

（2）通过账号添加

要实现精确查找，用户可通过直接查找微信号的方式，查找公众号，具体步骤如下。

①在微信“添加朋友”界面，点击“微信号 / QQ 号 / 手机号”文本框。如图 4-47 所示。

图 4-46　关注公众号　　图 4-47　添加朋友界面

②微信号输入后，点击“搜索”按钮，如图 4-48 所示，直接查找到该公众号，进入详细资料界面，点击“关注”即可。

图 4-48　输入微信号

（3）扫描二维码

如今，二维码的用途越来越广，通过扫描公众号的二维码，用户同样可以进行账户的添加，而且还很方便。具体步骤如下。

①在“发现”界面，点击“扫一扫”按钮，软件自动启动二维码扫描功能，将手机摄像头对准二维码。

②扫描成功后，软件自动跳转至该二维码的账户详情界面，点击“关注”即可。

总而言之，公众账号只能被添加，即被个人微信号添加关注。而添加关注的方式则有多种，除了上述三种，访问公众账号名片、搜索公众账号的英文 ID 和中文名称同样可以实现。需要提示的是，公众账号是不能使用微信手机客户端上的功能的，如“摇一摇”“附近的人”等功能。但是，正如前面所述，公众号却可以设置自动回复、使用开发模式功能，这都是个人微信号没有的功能。公众号的最大特点就是可以群发信息。个人账号要群发消息，则须使用群发助手，但公众号则可以将事先编辑好的图文，一键群发给订阅用户。

6. 公众账号申请应注意的细节

微信公众号的申请需要注意诸多细节，随着规则的不断变化，注重的细节也有所不同。比如说注册公众号需要注意公众账号的中文名称、微信号、是否需要认证等。公众账号的中文名称是允许重复的，但是随着规则的更新，条件会越来越严格。如含有“微信”“营销”等字样的名称，通过率都非常低。与此同时，公众账号的中文名称也不能太长，应根据自己的需求命名，简洁不失特色更好。对需要认证微信公众账号的用户来说，应从一开始命名公众账号的中文名称时就应注意一个细节，即公众账号的中文名称与微博名称要一致。此外，还应该注意的是，在申请公众账号前一定要确定好公众号是用企业的资料去申请还是个人的资料去申请，如果申请时用的是个人资料申请，而公众账号的中文名是企业名称，这时申请者即便是用自己已经认证了的微博去认证该公众号，微信官方还是会判定申请认证者资料不符合。而且中文名称一旦确定是不能修改的，因此这个细节一定要注意，否则认证时会带来不必要的麻烦。

第三节　微信朋友圈推广

无社群，无微商，说的是圈子和社群的力量。一个成功的微商，一定有自己的圈子，不管是线上，还是线下。微信朋友圈是一个非常强大的推广宝地，利用好了，客户是源源不断的。可为什么一些刚加入微商行业的新手，试水微商也有一段时间了，却无人问津呢？事实上做朋友圈营销，内容是至关重要的。店主们可以每天在微信朋友圈内发布商品信息，如果你在朋友圈发的是赤裸裸的产品广告，那么，必然招致别人的不满。虽然朋友圈发布商品信息这种推广方法会令人反感，但是一旦有人需要就表示钱来了。

微信朋友圈营销讲的是诚信，诚乃信之本，你的产品都不是正品，谁还来相信你，如果你的产品不好，即使你今天赚了钱，客户下次肯定不会再来了。以人为本，才是微信营销之道，才是朋友圈推广的基础。

一、分享商品至朋友圈

不管是什么营销渠道和方式，不管是塑造什么品牌，推广都是最重要的环节。简单地说，微商营销就是通过微信“交朋友”，让别人关注自己，然后在朋友圈发送动态吸引朋友支持自己，购买自己的产品。当然微商不只是通过微信这一个平台运营的，在其他微店平台开店的商家，也可以通过将商品页面分享至微信朋友圈进行更深层次的推广，也就是说在微信朋友圈中卖货，也是一样的道理。下面以“微店”APP为例，介绍分享商品到朋友圈的具体操作方法。

（1）启动“微店”APP，进入“商品管理”界面，选择要分享的商品，点击商品图片下面的分享图标，如图4-49所示。

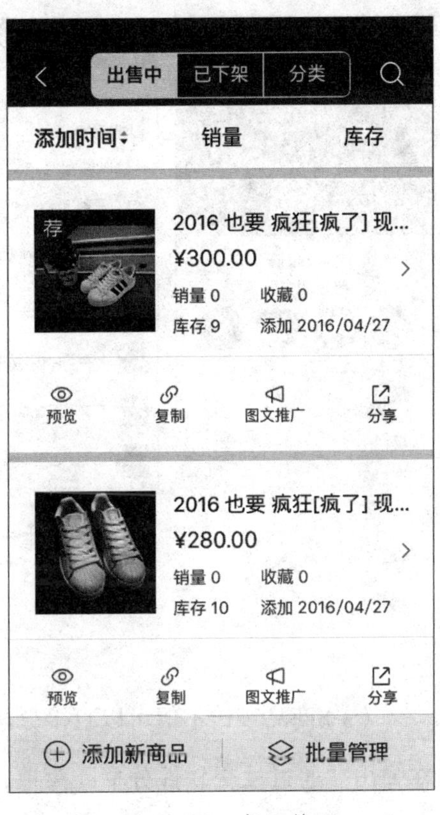

图4-49 商品管理

（2）弹出“通过社交软件分享”菜单，点击“微信好友”按钮，进入微信的选择界面，选好联系人后，即可发送，同时还可以给朋友留言。如图 4–50 所示。

图 4–50 通过社交软件分享

（3）商品宣传不但可以直接分享给好友，还可以分享到朋友圈。在弹出“通过社交软件分享”菜单，点击“朋友圈”按钮后，即可弹出相应对话框，用户可以在“这一刻的想法”文本框中输入商品或其他文字信息，点击“发送”按钮，如图 4–51 所示。

图 4-51　分享到朋友圈

（4）操作成功以后，即可将商品分享至朋友圈，好友通过点击朋友圈中的链接，即可查看商品详情，并且可以收藏、转发、分享以及直接购买。

二、打造朋友圈内容

朋友圈营销的核心是“深化与朋友的关系”。因此，商家要把与朋友的“弱关系”转变为“强关系”，只有把关系放在首位，深化与朋友的关系，才能迎来长期、高质量的发展和收获。朋友圈营销是微信营销的最佳实践，它从商家“自说自话”演化为“让别人帮你说话”，话语权已经不在商家一方，而在朋友圈一方。只有强化跟微信好友的关系，才能打造微店未来的优势。

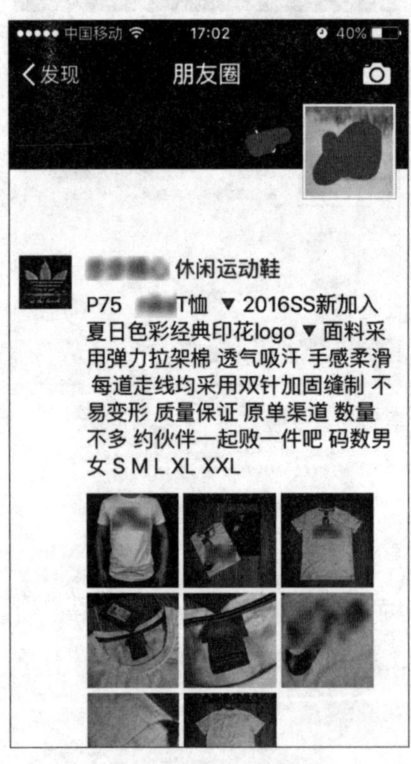

图 4-52 朋友圈

商家想要强化朋友圈的关系，就必须打造出精彩的朋友圈内容。在朋友圈发布内容的操作方法具体如下。

（1）进入微信“发现”界面，点击“朋友圈”选项进入其界面，如图 4-52 所示。

（2）执行操作后，长按右上角的相机图标，即可进入“发表文字”界面，在此编辑文字信息，如图 4–53 所示。

图 4–53 发表文字

（3）在“朋友圈”界面点击右上角的相机图标，弹出相应菜单，可以选择发表照片或小视频，如图 4–54 所示。

（4）同时还可以设置“谁可以看”和“提醒谁看”选项，点击“发送”按键即可发布，如图 4–55 所示。

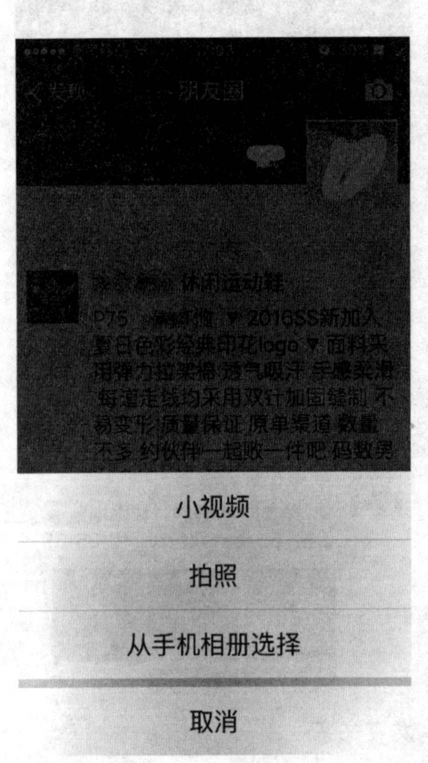

图 4–54　发表图片或视频

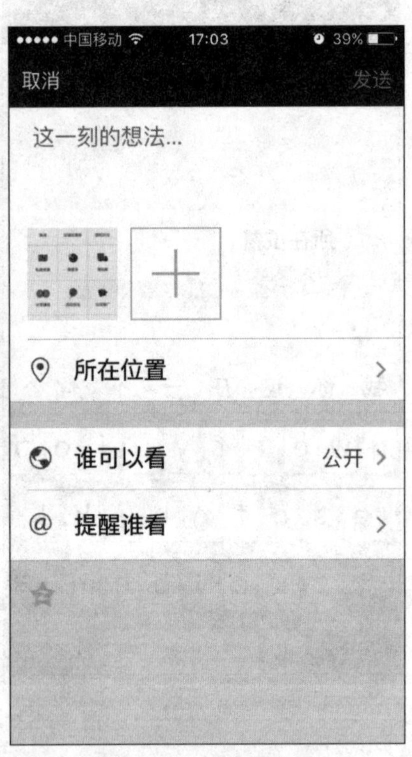

图 4–55　设置查看权限

三、朋友圈营销技巧及策略

打造精彩的朋友圈的目的就是引起别人的关注，达到营销的效果。但仅有这些还不够，要想营销效果好，还必须讲究一定的技巧。

1. 朋友圈营销技巧

（1）不可经常刷屏，不可只发广告，要积极参与好友互动。建议一天以不同形式的微信内容发送两三条广告微信，内容单一或次数过多，只会让朋友产生反感。所发的内容也不应全为产品信息，也可有一些自己的生活写照之类的东西。务必多和朋友互动，让好友记住自己的产品，多去评论朋友的微信，为他人点赞，让别人感觉到自己一直在被关注，从而产生信任及好感，这都有助于营销效果的达成。增强互动、活跃气氛最简单的方法就是养成随手点赞和发表评论的习惯，当然这仅限于对别人开心的事，如此方能实现相互沟通，增进感情的目的。

（2）分享产品使用感受。要想为产品做广告推广，可以发布自己使用产品后的心得，并配上相应的图片，用真实的使用效果吸引客户的眼球。当然，在整个过程中最为有效的方法就是鼓励客户分享使用产品后的心得，这样一方面可能避免“自卖自夸”的嫌疑，另一方面也更具有说服力，更容易让别人信服。

（3）塑造个人品牌。做微商是一个树立个人品牌、扩大个人影响力、并利用个人品牌和影响力转化客户的过程。做朋友圈营销，要把产品描述清楚、介绍明白，对分享要有自己的观点，要学会点赞和点评。分享的东西必须是正面的、积极的、正能量的，从而塑造个人品牌。比如对于一个餐饮企业，可以在朋友圈分享一些美食的制作方法或者食谱，在分享的过程中自然也就介绍了自己的企业。

（4）自然而然地分享有价值的东西。销售的精髓是要取得用户的信任，如果用户不信任，那么产品再好，也没有人会购买。因而在朋友圈分享或发布内容，目的就是引起别人的关注，取得别人的信任，应特别注意发布的产品信息要自然地将产品信息融入自己的生活，以取得粉丝的好感和信任。当然所分享的和发布的一定要是有趣的内容、实用的内容，或者是朋友的最近动态和与自己有关的内容。

2. 朋友圈营销的策略

在朋友圈卖货，就是依靠朋友传朋友的技巧，通过赢得关注，在短时间内促成交易。也就是简单的微信询问价格，然后微信支付或者支付宝支付即可成交，收到钱后即可发货。

拥有微信公众平台很简单，但是需要不断地扩充自己的粉丝客户群体，才能达到营销的目的。微商目前采用的模式有两种，即零售和代理，零售就是简简单单地将货物卖给顾客，通过与顾客的交易，将产品卖出去。另外一种模式就是代理。在微信上，有许多人卖东西，主要是通过各级代理卖货，不少人手中并没有现货，只是发图片，成交以后，才通过各级代理去拿货，自己没有任何囤货。代理模式注重的是找到一些不错的下家，这样就可以完成整个微商的销售，是比较省力的，但一般来说下家的寻找相比零售还要难一些。

具体应该注意下面三点。

（1）彼此之间多交流。用户购买商品就是一个商家与用户发生关系的过程。在正式交易之前，适当的交流也是很有必要的，始终记得一句话，“把顾客当作你的朋友”，也是必不可少的。只有多交流才能让对方更加信赖你，也就会有更大的成交可能性。在微信上交易，往往需要 2 ~ 3 次以上的交流，甚至更多次，因为在交流时，多数对象都是陌生人，只有通过交流才能更好地建立彼此的信任。对于一些用户，也需要耐心，才能把事情做好。有一个小技巧，微信有分组标签的功能。当人数很多时，为了区别客户，标签用户就变得很重要，这样也方便进行分组交流。

（2）单品介绍要精耕细作。无价值的内容、纯粹的广告推送，往往引起用户的普遍反感。利用微信朋友圈的功能，还是需要多发一些单品的介绍，但内容的形成要建立在满足用户需求的基础之上，而且在频率上不要过高，这样会导致刷屏，不少人会厌恶而屏蔽你的朋友圈，这样就适得其反。微信朋友圈的更新速度不应太快，以 2 ~ 3 小时一次为佳，一天 3 ~ 5 条还是比较合适的。

（3）多互动，多互推。在实际操作过程中，可以通过自动回复等功能，实现用户和账户间自助式的互动。还可利用人工参与的方式，与用户进行实时互动，回答解决用户各类个性化问题。其实微信互推，也是短期内快速涨粉的方法。找一个合适的微信朋友，让他推荐你的账号，告诉他人你在做什么，这也是一种快速涨粉的方法，还能找到目标客户，建议大家多找朋友进行推荐，突破微信营销的瓶颈。

第四节 微信群运营

微信群一直是微商加粉的主要渠道之一。由于微信群能实现快速裂变，所以微信群已经成为消费者搜索产品和品牌信息、进行互动交流的重要场所。提到微信群，大家都知道通过微信的群组功能，可以实现一对多的沟通。

通常情况下，微信群更私密，群的概念更内敛，更多的是一些好朋友、小圈子，人数不多。实际上每个人都能建立一个微信群，然后在所建的群内进行交流，拉近与群友的距离。

微信中的任何一个成员都可以直接添加自己的微信好友入群，不需要对方同意。换句话说，每个人都能很容易地成为自己朋友圈内好友的群成员。

一、微信群运营

其实，建立微信群比 QQ 群更加简单。其具体的操作方法如下。

（1）进入微信，点击右上角的“+”按钮，可发起群聊或添加朋友等。如图 4–56 所示。

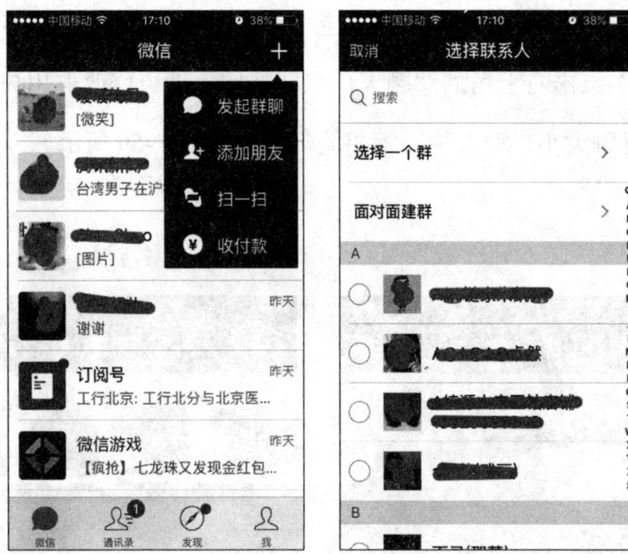

图 4–56 发起群聊

（2）进入“发起群聊”界面，选择相应数量的好友。如图 4–57 所示。

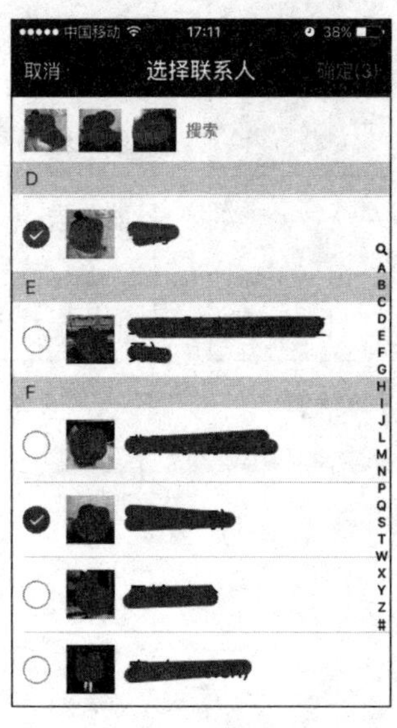

图 4–57 选择相应好友

（3）点击“确定”按钮，即建立一个新的微信群，如图4-58所示。

（4）点击右上角的“聊天信息”按钮，即可修改群用户、群聊名称、群聊大小、群二维码等相关资料，如图4-59所示。

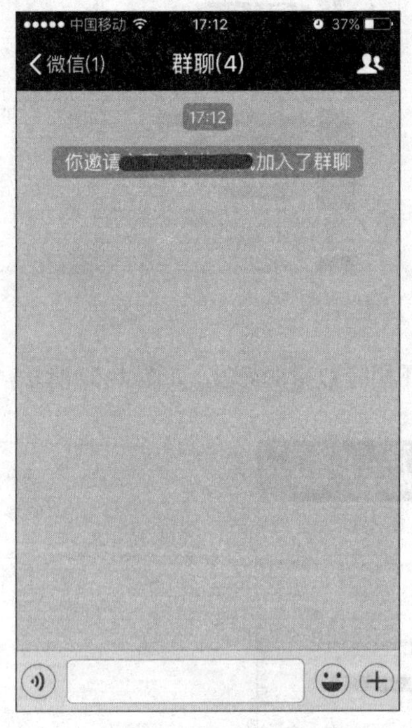

图4-58 建好的微信群

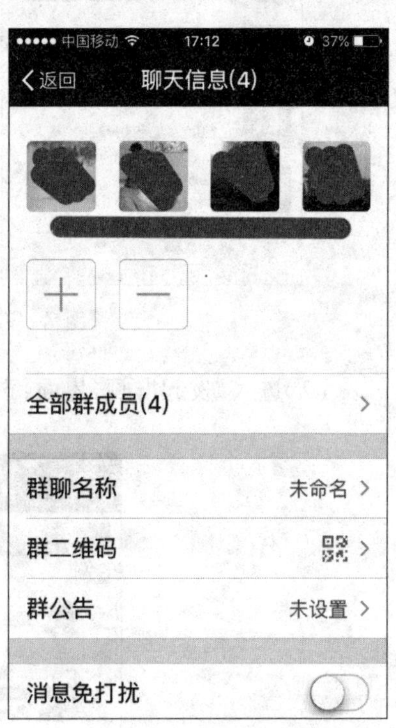

图4-59 设置微信群

目前，用户只能通过群中的人邀请和扫描二维码的方式加入微信群，如图 4-60 所示。

图 4-60　群二维码

要想微信群有活力、成员多，就必须精心运营微信群，微信群的运营方式如下。

（1）内容运营。针对群的定位，每天发布适合群定位的固定内容 1~5 条，即适合自己定位的有价值的内容，而不是乱刷屏。以微信打折购物群为例，每天发布 4 条，内容以特价商品为主，重在传递特价商品的信息，达到营销的目的。

（2）活动运营。用户可以在群里基于共同的兴趣爱好或话题进行多人畅聊，每天可找热点话题讨论；可定期开展讲笑话、猜谜语、智力问答等小游戏；也可以配合官方活动同步开展微信活动。

（3）会员运营。积极与群内活跃成员沟通，发现用户感兴趣的点以及用户目前关注的焦点，调动他们的积极性和热情，使其帮你一起发布内容，带动其他会员参与；设立类似群主职位，让群成员在你不在的情况下帮忙维持群内的秩序。通过访谈、调研，或者会员的微博、微信，观察了解会员的动态，找到他们的共同话题，从而实现会员间的情感共鸣。

（4）微信群矩阵。建立多个微信群和公众号，互相推广，使粉丝利用最大化。没有完美的个人，只有完美的团队，微商也需要团队合作来完成。所以，互相推广，抱团发展，合作共赢是未来微商发展的必然趋势。

在信息传播方面，微信群的威力不可小觑。因为发布信息的商家通常能够通过微信群定向发布自家产品的最新信息，这样的信息，往往都是由发布者主动传递给群组成员的，因此达到率和点击率都要高于朋友圈。

三、微信群推广

那么微信群到底应该如何进行推广呢？每个商家又是如何获得更多的群成员呢？

（1）通过微信公众号向微信群导入。商家可以建立一个与微信群主题相关的公众号，并给这个公众号起一个有个性、吸引人的名字，再进行必要的推广，就会有不少人关注该公众号。另外，公共平台需要一定的时间进行内容维护和推送，在推送的内容中解决粉丝的困惑，就能引起粉丝的转发，再将微信群的信息添加进去，这样就会有一定量的人主动扫描二维码或添加群主微信好友申请进群。

（2）多平台推广。在推广中，首先需要包装自己的个人微信及微信群，让自己的群变得有价值，这样才能吸引更多粉丝关注。同时，完全可以借助于微博、社区、QQ群推广，如此不但可以达到多平台推广，而且还可以找到比较精准的人群，效果较明显。

（3）广告合作。微信群在运营过程中，为了达到快速推广的效果，各个商家之间可以通过互换广告位的方式，或者在其他网站发布微信群二维码的方式进行推广。从而实现互惠互利、共同发展。

（4）人脉资源推广。除了相互间合作外，商家完全可以利用自身的人脉资源进行微信群推广，充分调动好友的积极性，充分挖掘人脉潜力，让好友帮助进行宣传。

第五章 务必掌握的微商促销技巧

第一节 晒单和购物积分

微商在促销时不可忽视的一点就是晒单，自己一个月的收入是多少，晒一晒单既是鼓励自己更加努力，同样也告诉代理商自己有多少业绩，激励他们为取得更高的业绩而奋斗。除了晒单之外，还可以开展积分购物的活动，促进订单的产生。

一、晒单

所谓晒单，其实就是晒出你的成交单或者让客户晒出自己购买产品时的订单，让成交单和订单来暗示你的产品是非常受欢迎的，继而激发别人的好奇心和购买欲。众多的事实表明，晒单是使用频率最高、效果最好的微信朋友圈营销技巧之一，深受众多微商的青睐。

那么在微信朋友圈中到底如何正确晒单呢？

（1）晒点赞。说到交流，打招呼是必不可少的，朋友圈点赞和朋友圈评论也是必须的，这也能让陌生人觉得你很温暖。如果能做到在节假日致以问候，或者在顾客身体不适时加以关怀，绝对能让你的客户感觉到温暖，感觉到你的存在，彼此的距离感也会慢慢消除。尤其是朋友圈的评论和点赞，这更能在短期内让别人知道你的存在，彼此的交流也会更加顺畅。实践证明，晒点赞也是很好的宣传方法。很多微商，只知道用一些软件和爆机盲目地加一些粉丝，殊不知，加了粉丝不互动等于没有粉丝。点赞从本质上说是微信好友对你和你的产品肯定态度的表达，对你是一种无声的激励和赞美。所以有必要将好友的点赞晒出来，以此获得更多人的信任，而且无形中增加了关注度和圈内的流量。

（2）晒成交单。客户购买你的产品后，你可以在征得客户同意之后在朋友圈内晒出你们之间的聊天记录，将客户下单的意愿或下单后的成交单展示出来。或者晒出准备寄出的产品，如图5-1所示。这样一来，你晒出的内容虽然不是广告，但却具有广告的功能，正所谓事实胜于雄辩，就好像在告诉群友："你们看，我的产品很受欢迎，大家请放心购买！"

图5-1 晒出准备寄出的产品

例如有微商在朋友圈中晒出打包好的货物，提醒客户们等待收货。很显明这种晒单技巧为她增加了大量粉丝，极大地提高了产品在朋友圈内的声誉。

（3）鼓励客户晒单。在操作时，除了自己晒出成交单以外，还可鼓励客户把自己使用产品后的感受一并晒出。这是借客户的口来宣传自己产品的好机会，对于在微信朋友圈营销的微商来说，鼓励客户晒单是一种极为可靠的营销技巧。

事实也证明，晒出客户对产品的积极评价，也就晒出了客户的认可，是一种效果极佳的微信朋友圈营销技巧。要知道这种晒单营销技巧，既免去了广告的嫌疑，又提升了产品的知名度，同时激发了别人的购买欲。微信朋友圈过多的产品介绍，也会让人觉得你的生活没有任何积极的元素，吸引不来他人的关注。那么，适当的晒生活也是必须的，告诉大家你在哪里玩，又吃到什么好吃的东西，又淘到什么宝，等等。这些内容更容易让微信朋友接受。

二、购物积分

微商作为时下最热门的新型电子商务，俨然已经形成一种经济趋势。如何让消费者更乐于购物，实现持续购物，是每个商家都努力钻研的课题。累积购物积分无疑是一种行之有效的措施。

所谓购物积分，就是指商家在顾客购物后，根据顾客的购物金额赠送给顾客一定数量的积分，这些累计之后的积分可以兑换礼品或者抵算下次消费时的部分购物金额。现代生活中，通过购物积分给顾客一定的优惠，是超市和商场等商家采用最为广泛的一种促销技巧。实践证实，这种做法在留住老顾客、吸引新顾客、促使新老顾客持续长久地消费上具有显著的效果。

微商在微信朋友圈营销时，同样可以为顾客提供购物积分，让顾客感受到真正的实惠。那么，在运用购物积分营销技巧时到底需要从哪些方面入手呢?

（1）用积分吸引新客户。当产品信息在朋友圈推送以后，关注和感兴趣的顾客通常都会进入微店进行详细了解。这时要想让顾客下单，就需要做好下面两点：第一，产品物美价廉，属于抢购型；第二，服务周到。对微商来说，在商品同质同价的前提下，要想吸引住客户，就必须依靠积分营销。但在众多的微商中，他们在微信朋友圈宣传产品时，往往忽略了促销和优惠制度的建设，也就吸引不了新客户。

（2）积分促进二次购买。客户购买产品之后送积分，相当于客户在商家那里留存了部分资金。这样一来，客户就会始终惦记着这部分资金，想办法将这部分积分花出去，如此商家送出的积分就成了联系商家和客户的纽带，进而促进客户进行二次消费甚至是多次消费。

（3）积分应配合促销活动。为了让积分的营销效果最大限度地发挥出来，最好能将积分和各种促销活动联系在一起，形成组合效应。比如可以在朋友圈发布：本店 5 周年店庆，老客户进店免费赠送 100

积分。这样，积分配合店庆的打折促销活动，一定能吸引很多客户，提高销售总量。

第二节　节假日及“双十一”促销

节假日向来都是商家营销的大好时机。实体店会借着假日气氛抬升人气，期待商品大卖。节假日营销实际上是一种非常时期的营销活动，是不同于常规性营销的特殊活动，它通常具有集中性、突发性、反常性和规模性的特点。实践证实，借助节假日进行产品促销是微商在微信朋友圈营销时不可不选的营销措施，只要营销方法恰当，产品内容真实可信，那么产品一定会大卖。

节日营销必须有针对性，分清主次，必须有好的促销主题，给消费者耳目一新的感觉。一般而言，节日的促销主题设计的基本要求是：一有冲击力，让消费者看后记忆深刻，不易忘记；二有吸引力，能让消费者产生兴趣；三有简短易记的主题词。

当然，微信朋友圈节假日促销除主题要具有以上三点基本要求外，还必须具有创新性，如果你的促销方法不新颖，或者是力度不够，那就有可能营造不出促销的氛围，也就不能激发众人的购买欲。所以，对于一名成功的微商人士来说，在微信朋友圈节日促销时，绝对不会简单模仿，而是力求新颖。

一、节假日促销的具体措施

一说到促销，相信很多人马上就想到现场秀、买赠、折扣、积分、抽奖等方式，尽管这些活动在促销方式上大同小异，但是在细节的创新上还是有较大的创新空间的。那么，究竟如何根据不同节日情况、消费者节日消费心理行为、节日市场的具体情况及需求和每种产品的特色，研发推广适合节日期间消费者休闲、应酬、交际的新产品，这是能否顺利打开节日市场通路，迅速抢占节日广阔市场的关键所在。如图 5-2 所示。为此，就必须做好以下几点。

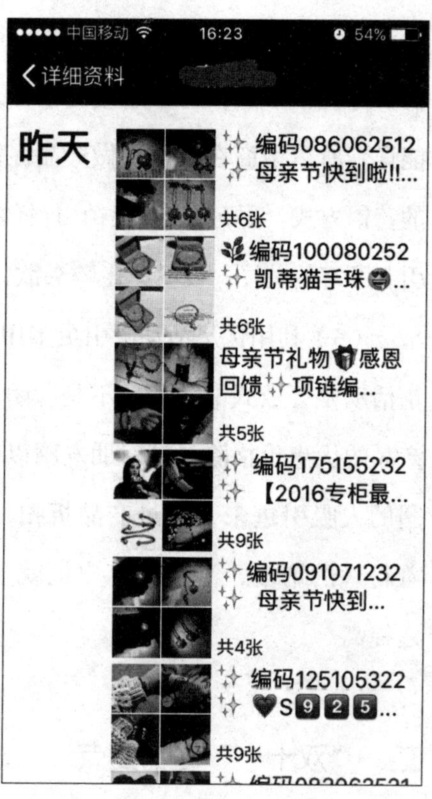

图 5-2　根据不同节日进行促销活动

（1）适时安排线下促销活动。众所周知，微信朋友圈毕竟是一个虚拟的圈子，只有实打实地搞活动才能扩大节日促销的影响力度。所以每逢节假日，微商可以在线下开展一系列的活动，和朋友圈内的好友面对面地沟通、交流、互动，这样才能最大程度地提升节假日活动的价值。

（2）做好差异化节日促销。现在的营销，打的就是促销战，每逢节假日，微商通常都会打促销牌，但是大多数微商局限于“折扣”“特价”等促销形式，对于这些促销方式，可以说所有顾客都早已耳熟能详。所以微商在节假日做产品促销活动时，必须要选择一种新颖的营销方式，做好差异化促销，这样才能最大程度地吸引顾客的眼球，引起顾客的关注，使其产生购买欲，使公司产品大卖。

（3）利用优惠活动吸引更多用户成为粉丝。微信朋友圈假日营销活动是开放式的，而并不是封闭式的。在开展线下活动的时候，产品的优惠价格除了针对朋友圈以外，还应该有针对性地将非朋友圈的人吸引进来，通过产品折扣，把更多的用户发展为粉丝。随着粉丝的增多，潜在的客户也就多了起来，产品的销量也就会随之提高。

二、“双十一”促销要点

“双十一”原本是当时的淘宝商场，即现在的天猫于11月11日“光棍节”举办的促销活动，当时的出发点只是将“光棍节”做成一个属于淘宝商场的节日，以便让人们记住淘宝商城。没想到活动一经推出，就异常火爆。发展至今，“双十一”已经成为电商消费节的代名词。

现在，“双十一”促销，已经对所有的网购人群产生了影响，甚至对于那些非网购人群和线下商场都有巨大的影响。那么要做好“双十一”营销，需要注意哪几点事项呢？

（1）营造氛围。“双十一”来临之前，需要在微信朋友圈营造出一种错过了“双十一”，就再也没有比这天更优惠的价格的气氛。换句话说就是在 11 月 11 日到来之前，需要在朋友圈里造势。这样做的目的就是将“双十一”的低价抢购概念灌输到朋友圈内每个人的头脑中。很显然，这段时间内广告不能太过频繁，以免大家反感。

为不让大家反感，完全可以采用隐性营销的方式。隐性营销，其实就是在和朋友圈中的个人聊天互动时，有意无意地泄露一些“双十一”的打折想法或特价产品，让对方代为宣传。

（2）适时推出新品。一般来说，“双十一”活动不仅仅是旧款产品的打折促销，也是新款产品的抢购狂欢日。促销活动前，商家可以推出预约或定金销售活动。同时发布新品上架广告，鼓励大家提前预约订购。这种促销活动，既能提升新产品的关注度，又能提升产品的总体销量。

（3）限时限量。在活动当天，限时抢购是必不可少的，推出的产品必须价格最低，与正常零售价格反差明显，才能最大程度地吸引顾客。而且，推出的产品必须具有吸引力，可搞限时抢购专场。适当的限量能在一定程度上凝聚人气。

另外，还可承诺免费包送或包邮，以保证产品快速到达客户的手中。

第三节 赠品、红包、奖品促销

很多微商在朋友圈营销时，常用的一个推销方法是自卖自夸，但那些夸赞并不能引起别人的购物欲望。其实在所有的营销活动中，送赠品、发红包、发奖品等措施，都是有力的促销手段。

一、赠品

赠品，在商业领域中的应用，主要是指在购买商品时，获得商家免费赠送的另一种物品。赠品，也就是礼品。每个人都喜欢礼品。实际上，在各种商业交往活动中，企业给顾客或者合作商等免费派发馈赠的所有东西，均可称为赠品。如果在微信朋友圈营销过程中，你能够利用赠品开展促销活动，那么便能让自己的产品成为朋友圈众人谈论的焦点，销售数量也会大增。

那么在实际的促销活动中，到底如何利用赠品达到良好的促销效果呢?

（1）赠品促销要突出一个“真”字。在实际的营销活动中，很多微商在朋友圈营销经常会推出一些“买一送一”的促销活动。这样的促销效果并不明显，相比之下，赠品促销，其效果就特别显著。

由于赠品的质量同产品的质量是一样的，赠品的质量获得顾客的好评，也就反映出了顾客对产品的认可，这不仅提升了产品的整体销量，也为微商赢得了声誉。所以，在微信朋友圈进行送赠品活动时，一定要保证赠品的质量，这样才能赢得顾客的信赖。

（2）赠品要有含金量。微商在微信朋友圈内做促销活动的时候，可根据自己的财务水平，提升赠品的含金量，甚至可以将所赠产品的价值提升到促销产品之上，这样就会造成一种轰动效应，从而大幅提升促销产品的销售数量和销售额。

（3）赠品要有品位。微商在微信朋友圈做促销活动时，还应该注意的是所提供的赠品一定要有品位，如此才能获得最佳的广告效果。概括地说，赠品既要给顾客物质上的实惠，也要给顾客精神上的优越感，让顾客感觉到购买你的产品比到其他地方购买更实惠、更划算。

另外，还需要特别注意的是，赠品一定要迎合朋友圈特定目标群体的品位，而不能是少数人的实际需求。因为朋友圈中往往存在一些品位较高的群体，他们极有可能就是看中了赠品的品位才在众多的品牌中选择了你的产品。

（4）赠品不忘挖掘顾客的痛点。所谓顾客的痛点，简单地说，就是顾客存在的某种隐性需求，一般而言，在平时，顾客有可能不清楚自己有这方面的需求，或者不愿承认自己有此需求。比如有些人比较胖，却认为自己很健康，而事实上肥胖往往会带来一些疾病风险，这种隐性的风险，就是顾客的一个痛点。在微商创业时，我们可以发掘出顾客的这一痛点，那么顾客的购买率一定会得到显著提高。

二、红包

眼下，抢红包是一个很时兴的活动。当微信的发红包功能风靡全球时，一种简单、直接的营销方法也随之产生了。随着微信开通了“红包”功能，通过微信红包来宣传微信朋友圈的生意也开始流行起来。红包发放的金额没有最高上限，也没设最低限制。微商可以在微信搜索功能里搜索“微信红包”“新年红包”来设置红包发送的总金额、数量等生成红包。微信派发红包有两种形式，一种是普通等额红包，一对一或者一对多发送；另一种更有新意，被称作“拼手气群红包”，用户设定好总金额以及红包个数之后，可以生成不同金额的红包。如图 5–3 所示。红包生成后，不仅可以利用微信红包推广产品，还能够在节假日时作为对新老客户的答谢。这样既赚足了人气，又

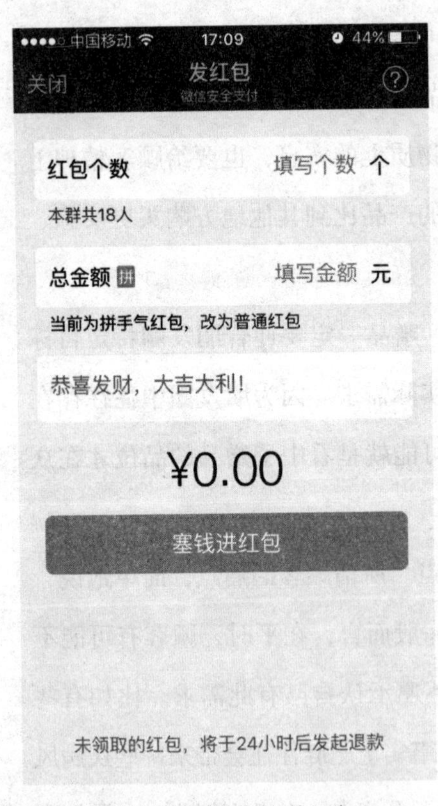

图 5–3　拼手气群红包

增加了产品的销量，可谓一举两得。

此外，微信红包还是一种支付方式。自从微信发红包这一功能出现，短短几日就迅速积累了超高的人气。不过想要玩转微信红包也需要掌握一定的技巧。

（1）扫二维码得红包。微信为什么会在短时间内获得大众的认可呢？这当然与其自身的特点密不可分。对于微商而言，微信红包可以说是一种回馈新老客户的好办法；对于企业而言，微信红包又可以说是一种推广企业的好方法。企业可以将生成的微信红包做成二维码，再通过推广二维码来扩大企业的知名度，从而让更多的用户参与到扫二维码得红包的活动中来。这样就大大增强了商家与客户之间的互动，提高了客户的忠实度。

扫码得红包的活动更利于微信营销的进行。因为用户所得红包是真实的现金，这极大地刺激了用户的消费热情，同时又可以通过提现的方式转到银行卡里，当用户确定自己享受到实惠后，便会分享给自己的亲朋好友。这样也就实现了微店营销推广的目的。而且店家还可以将自己所发送的红包作为现金折扣使用，这样，不仅增加了人气，还能让更多人分享该红包，最终成为店家的新客户。

（2）“抢”红包。从某种程度上说消费者最喜欢的是“抢”。要不然，怎么会有那么多的大叔大妈不惜在超市里花几个小时时间去排队买便宜鸡蛋。对于微信红包而言也是这样，“抢”才会有吸引力，“抢”才更具人气。

其实“抢红包”也迎合了大批微信用户的想法，现实操作中即使只有一分钱的红包，也能迎来很多用户的围抢。而且发红包也是迎合客户喜好的一个好方法，发红包、邀请客户帮你分享，这样更有助于促使用户将产品信息分享到朋友圈和微信群。

（3）分享红包

微信红包不应个人专享，应与别人分享，这样才有意义。只有与别人分享，才能让朋友圈内更多的人看到，以增加互动，聚拢人气。店家或企业在派送红包时，要根据自己所销售的产品的特点特性，选择适宜的时间送红包，因为只有这样才能为店家或企业带来人气，让产品得到更广泛的推广。

三、奖品

微商在微信朋友圈营销中，可以利用奖品和赠品进行促销，但这二者是两个不同的概念。这里所说的奖品，是指顾客在购买一定数量的产品或者经常性地在店内购买产品后所奖励给顾客的礼品。换句话说，就是奖品的送出是有前提的，只适用于朋友圈中经常购买产品或者一次性大量购入产品的顾客。

我们知道，微商如果想在微信朋友圈中做好产品营销，那就离不开粉丝的支持，正是因为有了众多粉丝的支持，才使得营销产品有了广阔的市场，才使得产品销量得以不断提升。从此意义上说，粉丝的关注度和忠实程度，决定了产品的销量和利润。所以说在微信朋友圈营销，微商务必要致力于粉丝黏性的营造，而发放小奖品，就是一个效果非常好的方法。

（1）消费满额赠奖品。在微信朋友圈营销时，微商可以长期性地开展一些“消费满额赠送奖品”的活动，利用满额送奖品的促销方式激发顾客的购物热情，以提高顾客的单次购买力，提高产品的销量。也就是说，和奖品价值相比，你在顾客身上获得的是长期的利润，且更为重要的是你通过赠送奖品，极有可能将顾客变成你的忠实粉丝。

（2）购物抽奖。一般情况下，促销活动是不会限定消费数额的，只要顾客购买了商品，就可以参加抽奖活动。微商在微信朋友圈营销时，可以根据自己的销售计划设定相应的奖品，若促销的商品数量比较多，可设定价值比较高的物品作为奖品；若促销的产品数量比较少，则可以选择一些有特色的产品作为奖品。

总之，不管是什么样的奖品，一定要瞄准朋友圈众人的心理。在顾客主导一切的市场中，奖品促销应以顾客的需求为根本，这样才会在朋友圈内引起共鸣，最终得到顾客的认同，这样才能增加微店的影响力，最终提升产品的销量。

第四节　打折及限时抢购

对于消费者来说，一般情况下，产品的价格是首要考虑的因素。作为一名微商，在微信朋友圈营销时，如果能够利用好打折及限时抢购这一促销手段，那么就能让自己的产品大卖。

一、打折促销

那么微商在进行打折促销活动之前，做好哪些准备措施才能保证活动取得最佳效果呢?

（1）想好打折的理由。在微信朋友圈发布产品打折消息前，务必想好产品打折的理由。没有合理理由的产品打折，不但不会起到促销的效果，反而会引起别人的疑虑，甚至会觉得打折的产品质量有问题，或者疑惑产品临近保质期，等等。所以，微商在朋友圈开展产品打折促销活动之前，一定要找到一个合理的理由，让朋友圈众人感觉到打折产品是实实在在的实惠。

（2）选好打折的产品。可能有相当一部分微商会觉得，打折后商品的价格降了，利润少了，会造成亏损。其实用不着担心，只要选择打折商品的种类有针对性，且给打折产品所搭配的产品选择合适，就一定能将打折促销变成一个盈利活动。

（3）定好打折产品的价格。在微信朋友圈促销的时候，要做到产品折扣的范围、让利的程度适宜，既能吸引顾客，又能保证自己有利润可赚。以床上用品为例，平时的折扣可以保持在9~9.5折，但在促销期间，为了拉动销售，保证更多人气，这时的产品价格要超低，可在不亏本的情况下吸引客户，以实现促销的目的。

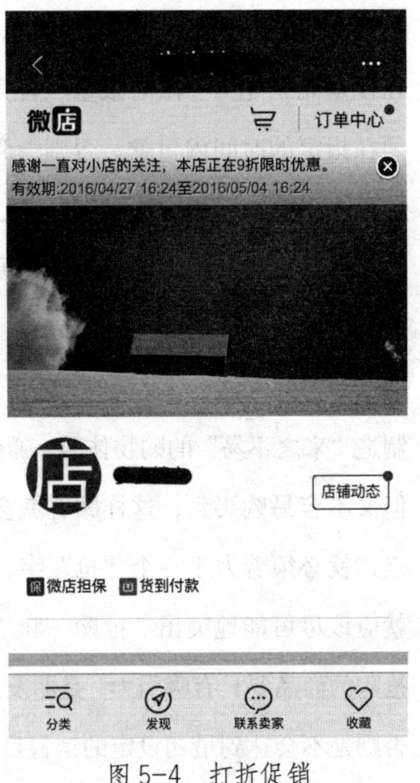

图 5-4　打折促销

（4）选择打折的时间。微商在打折促销时，其打折时间的选择，要充分考虑微信朋友圈众人购物的季节性规律和目标顾客群走向。当然，也可以分时段来打折，比如在节假日、店庆日等时间节点打折。如图 5-4 所示。

二、限时抢购

限时抢购又称“闪购”，最早起源于法国。所谓限时抢购，就是指以互联网为媒介，以限时特卖的形式，定期定时推出产品的促销活动。一般来说，限时抢购期间，商家所推出的产品价格都比较低，往往是先到先买、限时限量、售完为止。在抢购的过程中，顾客必须在指定的时间内付款，否则，商品会被重新放到待售商品的行列中继续售卖。

微商在朋友圈营销的时候，可以采用限时抢购的方法，充分吸引众人的关注，引起他们的兴趣，激发他们的购买欲，提升产品在朋友圈内的人气。与此同时，需要迎合顾客“物以稀为贵”的心理，制造“来之不易”的购物体验。通俗地说，就是让客户产生购买欲，但又不容易购买到，这样顾客就会更加关注这个产品。要想实现这点，就必须着力于一个“抢”字。所以在制作方案和广告图片时，就应该尽可能地突出“抢购”和“限时”以吸引人们的关注。当然抢购的商品要具有吸引力，是朋友圈内众人所熟知、所需求的产品，否则是不会达到最初设定的销售目标的。

限时抢购的最大吸引点就在于所提供的产品折扣力度非常大，且抢购期内的价格远远低于平时的价格。所以在组织抢购活动时，要充分利用价格上的优势牢牢吸引住客户的目光。也就是说，朋友圈发布限时抢购时，要想大家争相关注所推出的产品，就要特别突出商品的高质量和超低折扣。

抢购活动结束后，还需要对那些被“抢购”的商品进行跟踪，确保被抢购的商品在质量上不出现任何问题，一旦出现了质量问题，要给予高度重视，绝不推诿。

第六章 不可不知的微商营销方法

第一节 网站营销

网站营销就是要使网民更便利地找到网站，继而乐于通过网站了解信息或开展相关的商务活动。网站营销的关键在于让网民知晓网站、点击网站、使用网站。网站推广的方式多种多样，主要有在传统媒体上进行广告宣传，网络时代下的联署计划营销、链接交换、网站名称推广、流量交换、搜索引擎优化（SEO）、让用户订阅网站等，以及一系列提高网站黏度的方法。

网站是互联网提供的一种全新的营销工作平台，可以说目前全球几乎所有大中型企业和机构都在建立自己特有的WEB站点，以期吸引尽可能多的人访问，在满足用户需求的同时，实现自身的获利。

一、网站名称推广

微商在进行网站营销时，首先要建设好相应的网站平台，网站建设好后，接下来的重要工作就是对店铺进行营销和推广，以此来带动店铺浏览量的增加和转化率的提高，从而提升店铺销售业绩。要实现上述目的，就需要合理利用域名、网络实名、通用网址以及其他类似的关键词，以方便用户访问网站进而推广网站。

（1）利用域名推广，域名是网站的商标和品牌。选择域名时，最好选择多个。大家知道域名是一种相对有限的资源，它的价值早已引起人们的高度重视，已经有许多人通过抢注域名而致富，也有很多网站为购买一个好域名而一掷千金。那么，到底该如何选择一个好的域名呢？域名以短小、易记、有意义为宜。如果企业情况发生变化，可以申请对域名进行变更。国际域名允许转让。

（2）利用网络实名或通用网址推广，用自己的母语或者其他简单的词语为网站增加一个容易识记、体现品牌形象的网址，所增加的内容可以选择企业名称、品牌名称或者主要产品的名称等作为中文网址，以弥补英文网址不便于宣传的缺陷。这样的话，当用户使用与中文网址相关的关键词检索时，就能增加网站被用户发现的机会。如赶集网、土豆网、优酷网等，如图 6–1 所示。

图 6–1　利用网络推广

（3）利用关键词推广，设置网站描述和关键词的时候，可以增加一些网站别名，这样也有助于网站推广。特别是一些新网站或知名度不高的网站，通过这个方法可以方便用户了解网站内容，关注网站。

二、联署计划营销

联署计划营销，也称网站联盟，就是一种按效果付费的网站推广方式。具体是指广告主发布联署计划，其他网站注册参加广告主的联署计划，从而获得一个特定的只属于这个站长的联署计划链接。然后站长把这个链接放在自己的网站上，或者通过其他方式推广这个链接。当用户通过这个联署链接点击来到广告主的网站后，联署计划程序就会对用户的点击、浏览、销售进行跟踪。一旦用户在广告主的网站上完成了指定的行动，广告主将按预先约定好的佣金支付给站长。

完成联署计划营销，用户需要完成的指定行为包括点击、购买或下载、注册等。按照用户指定行为的不同，联署计划又有三种付费形式。

（1）按点击付费。点击付费形式类似于搜索竞价排名。用户只要点击联盟链接，广告主就要支付站长一定数额的佣金。对于用户而言，则无须在网站上完成其他行为。

（2）按引导付费。一般情况下，当用户点击联盟链接来到广告主网站后，需要完成某个引导行为，如下载试用软件、注册用户账号、订阅电子杂志等。这里的引导行为一般都是免费的，不需要用户花钱购买任何东西。

（3）按销售付费。用户点击联署链接来到广告主网站后，只有完成购买、产生销售额后，广告主才按约定的比例支付站长佣金。按销售付费是最常见的。

事实上，联署计划营销最早被亚马逊书店所用并大获成功。联署计划需要程序来实现对联署计划链接的点击和对购买情况进行跟踪，一般来说是通过在用户计算机中设置 Cookies 来实现的。

三、流量交换

通俗地讲，网店的流量就是指网店的访问量，是用来描述访问一个网店的用户数量以及用户所浏览网页数量的指标。流量交换也称流量交换联盟、交换链接，是指多个网站结为一个网站群，网站群的每一个成员都可以在自己的站点上链接其他成员网站的链接，使访问本站的访客能通过链接访问到网站群的其他成员，达到相互之间交换流量的目的。实践证明，流量联盟可以实现小流量个人网站在建站初期，通过相互交换流量来提高网站人气和访问量的目的，同时提高 Alexa 网站排名。假如自身网站内容有足够的黏性，就可通过快速的流量交换获得更多的固定访客，实现网站的良性发展。事实上，现在大多数流量联盟 IP 质量不高，特别是刷流量联盟，由于流量是交换来的，不是用户自然行为产生的，加之流量联盟常被认为有欺诈嫌疑，故不鼓励使用。实际上网店的营销方法非常多，比如搜索引擎营销、网络广告、论坛营销、微博营销等。

四、链接交换

链接交换，也称友情链接、互惠链接、互换链接等，实际上是具有一定资源互补优势的网站之间的简单合作形式，也就是说分别在自己的网站上放置对方网站的logo或网站名称，并设置对方网站的超级链接，从而使用户可以从合作网站中发现自己的网站，达到互相推广的目的。

交换链接的作用主要就是获得访问量、增强用户浏览时的印象、在搜索引擎排名中增加优势、通过合作网站的推荐提高访问者的可信度等。一般而言，每个网站都倾向于链接价值高的其他网站，如果获得其他网站的链接，也就意味着自己获得了合作伙伴或同类网站的认可。

到底怎样才能获得高质量的外部链接呢？其实最基本且最有效的方法是创建一个有价值的网站，有了好的内容和服务，其他网站和用户也就会关注，搜索引擎也会肯定网站的价值。这里需注意的是网页上的错误链接常常是访问者感到不满的原因之一，同时也严重影响用户对网站的信心。因此千万不能出错。

外部链接可分为友情链接和单向链接两类。

1. 友情链接

（1）寻找高质量的链接对象。在开店初期，为了提升人气，可以和热门的店铺交换链接，这样可以利用不花钱的广告宣传自己的小店。高质量的链接对象至少应该符合以下条件：行业相关，同时被百度和google收录，网页级别（PR值）较高，页面外部链接数量较少（少于30），较多原创内容，更新及时，页面中无色情、赌博等违法内容，页面中没有关键词大量堆积的现象，页面布局、色彩、结构合理等。

（2）友情链接的寻找方法。友情链接的寻找方法主要有以下几种，①通过搜索引擎寻找相关网站。比如通过“运动鞋”这个关键词找友情链接，可以在搜索引擎里输入“运动鞋 link 链接”或“运动鞋 link 友情”等来搜索。②通过联系站长。在站长论坛、链接交换网站发布交换信息，可以加入站长群、链接群寻找友情链接，参加一些站长或SEO的聚会。③通过介绍寻找相关网站。操作时还可以寻找竞争对手网站的友情链接和与你链接的网站的友情链接，主动友善地与这些网站进行链接交换。④与行业协会或政府机构等联系。一般而言，这些非营利性网站的链接都比较权威。

（3）提出交换链接要求。链接的PR值相等最好。为了争取同知名网站的合作，可在网站下方最醒目的位置做个单独的链接区以重点推广。网站的首页下方一般都会有“友情链接”的文字项，如图6-2所示。

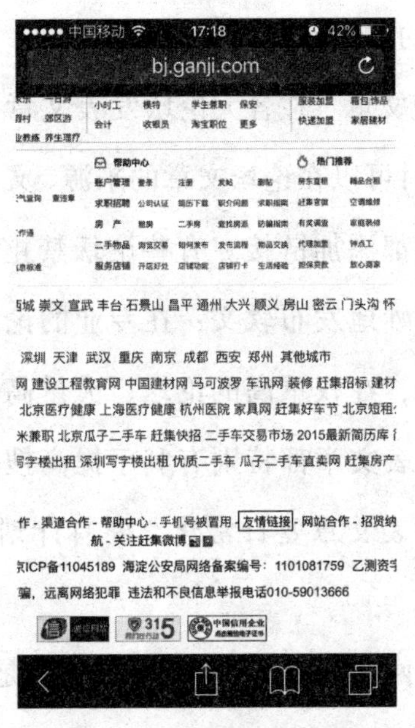

图 6-2 “友情链接”的文字项

2. 单向链接

单向链接就是指一个网页被其他网页链接，而没有相应的链接返回其他网页。简单地说，就是只有导入链接，没有导出链接。单向链接的好处有如下两点，一是通过其他网页的链接能导入访问流量；二是因为被链接的数量和质量体现了网页的重要性，单向链接有利于提高搜索引擎对该网页的重视，从而得以在搜索结果中靠前的位置展示。相对于友情链接来说，单向链接的数量不受限制，因而增加单向链接的数量是网络营销的重要手段。

外链贵在精，不能完全靠量来支撑。最理想的单向链接就是让访问者看到网页上的内容时主动添加链接。除此之外，其他常用的人工添加单向链接的方法有：

（1）论坛发表文章。在各大论坛发表文章是增加外链的最常用的方法。在操作时可以在论坛文章的来源、文章头部、文章中间、文章尾部和插图中都添加链接。有些论坛禁止发布广告帖，这时就要寻找方法，巧妙地发布软文：在专业的论坛发布专业方面文章可以避免被删除；在权重高的论坛、流量高的论坛、分类信息平台、问答平台发表文章都特别有利于提高搜索引擎的关注度。实践证明，论坛发表文章要日常化，要有计划，持之以恒，才能有明显的效果。

（2）自建链接网站、博客、论坛等。这就是在实际操作时利用自建的网站或博客、论坛等添加链接。所建的网站、博客或论坛完全可以利用网络上免费的建站平台，例如好推网、博客大巴等。

（3）利用签名档。在论坛的签名档留下链接。设置好后，便可在该论坛发文章或顶帖时获得单向外链。

五、搜索引擎优化

人们已经习惯在互联网上使用搜索引擎查找所需的信息。让网站的信息被人们方便快速地检索到，成为网站营销的一个重要目标。

搜索引擎优化包括网站结构和内容的优化、网站友情链接的策略、网站注册到搜索引擎、网页描述语句和关键词标签、搜索结果的排名和展示方式等诸多方面。其本质则是一种利用搜索引擎的搜索规则提高目前网站在有关搜索引擎内的自然排名的方式。其目的就是为网站提供生态式的自我营销解决方案，使网站在行业内占据领先地位，从而获得品牌收益，达到营销的目的。

六、增加网站黏度

所谓网站黏度，就是指网民对网站的重复使用度、依赖度、忠诚度。通常一个网站的黏度越高，网站就越成功，其价值也就越高。假如营销的效果只是把人们吸引到网站，而人们对网站内容不感兴趣，那么这样的营销算不上成功。网站黏度，是网站营销的根本。网站黏度主要体现在：①回头率，即网民浏览网站的频率，是否经常浏览某一网站。②阅读深度，即网民浏览网页的数量和时间。③互动性，即网民经常对网站内容进行点评、留言或者网民之间进行互动等情况。④品牌认可度，即网民主动推广和宣传网站，并成为该网站的品牌追随者。

1. 提高网站黏度应遵循的原则

网站黏度最终取决于人们使用网站时的体验。事实上要想提高网站黏度，在网站建设时就要充分考虑并遵循以下基本原则。

（1）内容第一。提供高质量的内容是增加用户黏性的最重要因素。也就是说一个网站如果能长期提供独特而高品质的内容，那必然会吸引大量的读者阅读和分享。

（2）三次点击。该原则要求网站的内容要便于人们检索，就要让网站链接结构扁平化，尽可能做到从首页开始，寻找到所需内容的点击次数不超过 3 次，如首页→栏目→文章。很显然，这样极利于搜索引擎很好地抓取网站的内容，大大提高了文章被收录的可能性。

（3）服务至上。网站用户界面的设计要以服务为导向，打造令人喜欢的网站环境。要实现这点，关键是要做到：网站的页面下载速度快，页面的导览好、视觉效果好，没有拼写和语法错误，页面长度适中，链接有效，网站操作简单，网站客服及时反馈等。切不可弹窗不断，或广告满天飞，这些都会降低用户黏度，让用户不想继续浏览网站。

2. 增加网站与用户间互动的方法

用户接触网站往往只是通过一个点，要想激发用户对网站的兴趣并留住用户，除了以上三个原则外，还要加强用户和网站、用户和用户间的互动。

（1）找到目标客户群的核心需求，把网站的核心价值“显性化”。网站的核心需求表现的就是一个个用户的价值点，这些价值点可以是关键词、热门的特色栏目、性格测试、排行榜、按钮等。一般而言，网站要在导航、栏目标题等显眼位置及其周边位置重点强化，便于用户发现、关注，从而激发用户去探索的兴趣。如网易的邮箱、和讯的财经报道、新浪的微博都是聚集人气的栏目。

（2）简化参与操作。增加推荐、评价、留言等参与功能，做到只需点击一次就能推荐或评价，提高用户的参与热情，激励发布人发布更多的信息。

（3）加强互动，及时回馈，让用户得到关注。要让用户每一步都有回报，切不可让用户折腾了半天也得不到预期的结果。当用户对网站内容进行推荐、评价、留言时，在相关页面上显示其联系信息，这样就可以增强会员间的沟通和交流。当有新用户对其曾推荐、评价、留言过的信息做出新的操作时，都会及时收到提醒。用户对网站的贡献以积分或排行榜的形式予以激励。

第二节　社区营销

社区是近年来创业者们都想分食的一块大蛋糕，也是微商领域最具有潜力的电商形式之一。所谓网络社区营销，就是指以网络社区为平台，主要利用社区用户积极的参与、开放的资源分享、网民之间频繁的互动，同时借助线上线下活动、事件讨论、话题引导等方式展开的营销行为。社区微电商，目前虽处于起步阶段，但有着巨大的发展空间和挖掘空间。网络社区其实是包括论坛、贴吧、公告栏、群组讨论、在线聊天、交友、个人空间、无线增值服务等形式在内的网上交流空间。

如今的互联网，已经跨入了社区交互时代，从论坛、校友录、博客、个人空间、SNS等新旧社区应用，到社区搜索、社区聚合、社区营销、社区创业、社区投资等社区交流、经营话题，网络社区已经是业界关注的热点，也是微商引流的主要方法和途径。

一、网络社区

网络社区营销是早期网络营销的手段之一，是用户购买行为发生后分享体验的主要途径。网络社区营销是把有共同兴趣爱好的访问者集中到一个虚拟空间，相互沟通并借助口碑的力量达到大规模商品营销的效果。同一主题的网络社区中集聚的往往是具有共同兴趣的访问者，网络社区完全可以通过本平台的特色，将分散的目标客户和受众群体精准地聚合在一起，达到用户之间相互交流的目的。正是基于大量用户的参与，网络社区已成为网络营销的主要渠道。

由于网络信息技术的发展，网络营销的手段更注重专业和深化。网络社区根据专业性可分为两类，即综合类和专题类。其中，一类是以天涯社区、猫扑网、西祠胡同、开心网等为代表的大型综合性虚拟社区平台，如图 6–3 所示。这些社区平台涉及的题材范围广泛，有利于吸引各种类型的用户，拥有较为庞大的用户群体和全国性社会影响力；而另一

图 6–3 天涯社区官方网站

类则是基于地理位置或某些垂直专业领域的中小型论坛，其特点主要体现在内容的个性化和深度及覆盖的针对性上。例如，二泉网等地区类论坛、蘑菇街等购物类社区，以及军事类论坛、电脑爱好者论坛、动漫论坛等。

二、网络论坛营销方法和技巧

由于论坛的参与度高、信息量大、涉及面广，因而在网络论坛进行商业宣传并产生效应，就不得不讲究一定的方法和技巧。

1. 网络论坛营销技巧

其实网络论坛营销是离不开标题、软文、热门或专业社区推广以及合适的宣传策略的。

（1）巧立标题。实践证实，不管何种帖子，其点击率很大程度上取决于帖子的标题，标题是吸引读者阅读正文的关键所在。如果所拟标题不能吸引大家的眼球，就算帖子的内容再好，恐怕浏览者也没有兴趣。但也不提倡“标题党”的做法，发些文不对题的帖子或只有标题没有多少内容的帖子。所发帖子的标题最好是原创的，如果所发的帖子标题和网上很多文章的标题相同或相似，那毫无疑问这个帖子就已经失败了。

常见的标题形式有四种，即新闻式标题、悬念式标题、疑问式标题、叙述式标题。标题的创意一般可以通过比喻、拟人、感叹、热点话题以及采用逆向思维等方式来表现。

第一，标题一定要新奇，比如“我在车站捡到一黎族姑娘”这一标题就拟得很好，因为一个标题就交代清了事情发生的地点和内容。地点：车站；事情：捡到一黎族姑娘。这年头捡到钱不稀奇，捡到一姑娘可不容易，究竟是怎么回事？给了大家一个悬念，宣传效果很好，点击率高也就没什么稀奇的了。

第二，标题忌耸人听闻、歇斯底里。言过其实的标题让人一看就反感。无病呻吟的标题，让人一看就感觉乏味。太过造作的标题会让人认为帖子的内容是一些奇谈怪论，不值得浏览。

第三，抓住关键，巧设悬念。留下悬念，通常会引起人们的好奇心，促使人们看个究竟，就像讲故事时卖个关子，直白如水地叙述，一般是没人看的，而且会认为帖子的质量不高。比如“有一天别人会疯抢你的产品”就比“如何让产品畅销”更吸引眼球。

（2）软文写作。目前互联网上传播的信息主要是文字信息，70% 以上的网页都是文字，而且用户上网浏览的主要内容也是文字信息，即使配合图片、视频、音频，也离不开文字说明资料。帖子的正文内容通常是对产品信息完整的包装，或者是对产品相关事件的引导，使之成为有用、有效、合理、正确的信息。此类帖子我们也称它为软文。撰写网络软文时，建立读者与文章的友好性是很重要的，力求短小精悍、言简意赅，让读者很快就能了解整个内容。若内容很多，则宜分帖发布，这样有利于引导读者阅读与分享。

在写软文之前，有必要先研究媒体和目标用户，不同类型的论坛所对应的用户习惯也不尽相同。好的软文能让网友主动顶帖，提高软文的曝光率。因此，网络营销人员必须要有较好的文字表达能力。在大多数论坛，跟帖多的是有价值或者较为新奇的帖子，这样的帖子要求首先提炼一个合适的特色主题。围绕着这个主题思考文章应当如何去写，怎样把宣传信息融合到文章中，让读者看后记住这个宣传信息，甚至产生进一步了解的兴趣。因为我们要写的文章不是文学作品，不需要华丽的辞藻，只要把问题说清楚就可以了。

软文一般有新闻型、知识型、故事型、议论型等类型。比如把需要宣传的产品设计为故事里不可或缺的重要东西，就能让网民记住这个产品。

（3）通过热门论坛推广。网络营销是一门新兴的学科，本身还在不断地发展，随着网络环境的不断变化，其营销方法也在随之演进。而帖子的宣传效果和传播的渠道又是息息相关的，一般情况下，热门的论坛都可以在网上搜索到，选择合适的论坛发帖是社区营销的关键步骤之一。选择论坛时，要尽可能选择有潜在客户、浏览量大以及有签名功能、链接功能和修改功能的论坛。例如，天涯社区、百度贴吧、西祠胡同等浏览量大，影响面广，在搜索结果中排名靠前，宣传效果较好，但并不适合所有类型的帖子。对于那些有明确目标受众的帖子要发布到某些特定的论坛，例如，以大学生为主要受众的帖子，可以选择学生喜欢的论坛——水木清华、日月光华、中国同学录等；以招商为目的的帖子，可以选择阿里巴巴、中国加盟网等；以经营陶瓷为主要内容的帖子，可以选择慧聪网论坛、中国陶瓷行业论坛、潮州陶瓷城论坛等。

2. 网络社区营销模式

（1）制造智慧的长尾效应。抛出创意的半成品，调动网友的力量参与到品牌产品的策划中来，更能提高网友的黏度。这种方法有两个关键点：一是创意半成品的吸引力，二是与网民的互动维护。例如，招商银行为百事信用卡做的社区营销“[搞笑图片]史上最强的信用卡大集合！不怕做不到，就怕想不到”。

（2）“招安”舆论导向人士，营造二八效应。在实际操作中，大多数帖子的阅读量虽然很高，但回复量很低。也就是说，不是所有帖子都能造成真正的“互动”，但是其效果可能已经很不错了。原因在于社区里有一小群人是意见领袖，这些人可能是博主、论坛管理员，他们是内容制造者，这样的人占网民的20%，而部分网民也愿意跟随着他们进行讨论，大部分网民是“潜水员”，他们只是单纯的信息接收者，这样的人占网民的80%。如果能把想要传递的品牌信息，通过这20%的意见领袖传递给那80%的“潜水员”，这样尽管看起来没有“互动”，但依旧成功，关键就在于如何引导这20%的意见领袖。

（3）品牌社区的利用与搭建。在网络上，通常有很多就某一品牌而设立的圈子，有的是网民或网站建立的，有的是企业策划的。不管是利用现有的圈子还是自建的圈子，引导和巩固品牌粉丝的忠诚度和美誉度都是关键所在，在互联网的各个品牌圈子中形成口碑非常重要，正所谓星星之火，可以燎原。要做到这些就需要引导口碑，维护与网友的关系，激发品牌和网友之间以及网友之间的互动。要做到星火燎原之势，那就必须得把品牌产品的内容和网友的心理及喜好进行融合，从而造就一个个吸引力十足的主题，以增加网友的黏度，提升网友的热情参与。

（4）wiki 营销。wiki 营销是网络社区营销的一个分支，以分享知识为目的的百科全书为主，同时也为优秀的产品和服务提供了一个很好的传播渠道。

国内 wiki 就目前而言，做得比较成功的主要有百度百科、互动百科。wiki 营销主要以关键词为主，由关键词作为入口。眼下 wiki 最常用的营销手段就是在词条上面安置广告，从而引导用户进入目标网址，这一方法概括起来有两种。

一种是为产品编辑词条。这一方法着重把产品的名称当作词条进行创建，为产品作详细的介绍，编辑词条时，要从客观的角度分析，切忌带有感情色彩，而且要以说明文的形式讲述，这样才有可能被收录，才能发挥词条的作用。

另一种是在词条中添加链接。操作时可选择和公司产品相近的词条进行编辑或创建，在文中引用公司名字作为范例，同时给公司名加上外链。

（5）问答营销。此法是在搜索引擎提供的问答平台上发布问答，以在答案或问题中发布营销信息的方式，开展营销活动。

第三节 广告营销

所谓网络广告营销，其实也是网络促销策略之一，是配合企业整体营销战略，发挥网络互动性、及时性、多媒体、跨时空等特有优势，从而策划吸引客户参与的网络广告形式，主要是指贯穿于广告策划和实施的一系列活动过程。

一般而言，网络广告从策划到实施，至少需要经过八个环节，即确定网络广告的投放目的、确定网络广告的受众、确定大致预算和宣传周期、确定宣传内容、确定投放平台、发布网络广告、网络广告效果评价、修改完善网络广告方案。对于这八个环节，可以概括为网络广告的制作和投放两个方面。

网络广告的主要挑战来自传统媒体，传统媒体的发展日益成熟完善，并已成为广受认可、渗透到社会生活中、社会文化不可分割的一部分。不可否认的是，电子商务、搜索引擎、网络视频给网络广告发展注入了最持久的强心剂。网络广告和电子商务的紧密结合是网络广告发展的原动力。

一、网络广告的制作技巧

1. 网络广告的写作技巧

购买不是消费的结束，而是消费的开始，推荐给他人购物的开始。大凡网络购物者，无不是受到其他消费者所写的产品评论和网络广告文字的影响。因而文字广告的写作就显得尤为重要了。网络广告中的文字广告应短小精悍，以吸引人们点击，而更多的内容是在链接后面的网页中。常见的网络文字广告包含广告标题和广告口号。

首先是网络文字广告要简明扼要，网页对每一行文本的长度有限定。其次是网络文字广告要引人注目，只有让客户关注到，才有机会被点击。若文字简短、表现手法单一，加之同类广告又常常多个并列展示，这样一个没有鲜明主题和具体内容或独特个性的网络文字广告是很难引起人们关注的。

（1）广告标题。广告标题是广告内容的高度概括，人们通过标题了解广告的信息内容。广告标题应将广告中最重要的、最吸引人的信息进行富有创意的表现，以吸引受众的注意；广告标题揭示的是广告中信息的类型和最佳利益点，从而让受众继续关注正文。因而说广告标题通常是具有概括性、观念性和引导性的词句。

（2）广告口号。广告口号也称广告标语。广告口号通常是由几个词组成的一句能够渲染主题的话。很显然，广告口号要有助于促进商品、服务和企业形象信息的广泛传播。传统的广告口号都能应用于网络，但对于那些受众不熟悉的品牌，在网络文字广告中应用广告口号时要加入品牌名，否则容易被忽视。

2. 网络广告的图文搭配技巧

静态图片文字广告成为互联网用户接受程度最高、影响力最大的广告形式。在实际的制作过程中，要注意以下几个方面。

（1）设计原则。设计的原则要着重以下几点。

①以少胜多原则。此原则强调，避免版面杂乱拥挤，切勿使用风格不同的字体或过多的小图片。

②主次分明原则。主线条清晰，整体上流畅，以确保整个画面的层次性。

③虚实相生原则。通常适当留白反而有助于强调主题所表现的内容，引起受众对非空白处的注意。

④活泼有致原则。利用疏密、聚散、重复、连续和条理来获得节奏感，或者利用渐明、渐大、渐高等渐变手法，使得版面更加优美、生动，更富有节奏感与韵律感。

（2）色彩搭配。网络广告的色彩搭配要有强烈的视觉效果，实践证明，黄色、橙色、蓝色和绿色一般情况下都可以在短时间内吸引人们的视线。在设计中，可以运用色彩对人产生的心理暗示作用，如冷暖、轻重、远近、味觉、情感等来表现不同的产品和主题。

（3）使用动画。事实证明动画图片的吸引力比静止画面高三倍。因而在制作横幅广告时，适当加入动画是很好的选择。动画的设计是为了突出主题或吸引客户注意，因而设计的动画不能过分玩弄技巧以致喧宾夺主。

（4）图文结合。图片比文案更重要，网络广告可以只有吸引人的图片和品牌名。图片最好有故事性，当然一定得与宣传内容相符合，且广告图文布局合理。

二、网络广告的投放技巧

网络广告策略是为网络营销策略的实施服务的，网络广告的目的在于扩大知名度、增加流量或增加销售量。所以，要将广告投放到合适的渠道，以接近目标客户，从而实现在预算范围内提升广告的浏览量和点击率的目的。要实现这点，就涉及广告位的选择和广告投放的策略。

定位策略是网络广告策略中最为关键的策略，相当于交响乐团的指挥，统率全局。所谓网络广告定位，就是网络广告宣传主题定位，就是确定诉求的重点，或者说是确定商品的卖点。

1. 广告位的选择

实质上，网络广告定位就是网络广告所宣传的产品、劳务、企业形象的市场定位，也就是消费者心目中网络广告主的产品、劳务或企业形象的独特的位置。广告位选择主张适合的就是最好的。

（1）设置筛选条件。选择广告位应该考虑的因素包括是否在首屏、Alexa 排名范围、千人访问成本、日均访问人数、广告尺寸、主要访问人群、价格范围、网站类型等。

（2）网站信息排序。将根据一定条件筛选出来的网站按“日均访问人数”或“价格”排序，也可用广告位的“最早可购买时间”等要素排序。通常首选按“日均访问人数”排序。

（3）广告位详情分析。在实际操作中要逐个分析候选广告位，确认网站是否适合投放广告。查看广告位在网页中的具体位置是否显眼，有没有和别的广告位挤在一起，网页内容是否与待投放广告有冲突，目前正在投放的是什么广告等。

广告表现对于广告作品十分重要，广告表现的成败关系到广告的说服效果。而广告位则是影响广告表现的一个不可忽视的因素。点击广告位名称，打开广告位详情。查看广告位流量信息统计图，日浏览量和日浏览独立 IP 数之比越大，说明网站黏性越大，回头客越多。如果广告的日浏览量大起大落，则应当心广告的投放风险。查看用户群特征和网站基本信息，了解网站性质。根据“购买时段”的日历，选择投放时间。对于一些热门网站，依据情况可提前预订。如想在“发送祝福贺卡”的网站投放广告，这类网站在节假日前后的流量很大，需要提前预订时段。另外，搜索引擎广告可以精确到小时，投放这类广告就有必要考虑目标客户的作息时间和竞争对手投放广告的习惯等因素。

2. 广告投放的策略

（1）网络广告发布途径。企业在发布广告时要根据自身的需求，根据企业的需要采取适合自己的方式。其主要方式有：①主页形式。在互联网上做广告，最重要的是设立公司自己的主页。②网络内容服务商。③专类销售网。④免费的互联网服务。⑤黄页形式。⑥企业名录。⑦网上报纸或杂志。⑧虚拟社区和公告栏。⑨新闻组。

（2）选择广告的投放渠道。为达到广而告之的目的，多数人在投放广告时都会综合应用各种网络渠道，但在投放时要了解各个渠道的特点，如图 6-4 所示。

图 6-4　网络广告的投放

①选择搜索引擎广告，可借助搜索引擎准确找到目标客户。搜索引擎广告以其较低的广告成本，以及在互联网用户购买过程中的重要位置，成为众多广告主的首选。因为进行搜索的用户本身就对内容感兴趣，故主动点击广告的用户相对较多，广告效果也较好。但由于存在竞价排名等因素，所以搜索引擎广告费用较传统广告稍高，而且图文广告不能作为搜索广告展示，只能显示在该搜索引擎能投放广告的部分网站上。

②选择投放网站广告，可利用第三方广告交易平台，也可以自行和一些网站进行交易，后者的费用可能会更高一些。

③通过自己的 E-mail、博客、论坛、QQ 等投放广告能更主动地与目标消费群体交流。

（3）选择广告的投放站点。一般来说，互联网有四大应用方式，即资讯、娱乐、沟通和电子商务。而网络媒介包括八大领域，即门户、搜索、视频、社区、游戏、联盟、垂直以及无线媒介等。又因不同的网络媒体的特点不同，所以在选择网络广告的站点时，要选择网页浏览量高的网站，也要考虑网站的性质。一般而言，网站有综合性网站和专业性网站之分。比如新浪、搜狐、网易等为综合性网站，而诸如游戏网站、教育网站、行业网站等则为专业性网站。在一些大型综合性网站投放网络广告，浏览者的覆盖面广、数量大，但其中与该广告无关的浏览者相应也很多，而且投入也较高。选择一些有明确浏览者定位的站点，浏览者的数量可能较少，覆盖面也比较窄，但有效浏览量可能并不比综合性站点少。比如有关女性减肥用品的广告，就可考虑选择一些女士经常光顾的美容、健康、育儿网站。为了找到合适的广告投放站点，对广告站点选择应秉持只选对的，不选贵的原则。在实际操作时，要注意以下几点。

①选择恰当的投放位置。避免广告只在首页投放。很多人认为，网站首页广告效果要比其他页面好。其实，这是片面的。各网站一般都将首页广告的价格定得比较高，客观上给广告主造成了误解，通常都会认为首页广告的效果一定比其他页面好，但由于首页的访问者存在主题不明确、目的性不强等特点，这就造成了广告缺乏针对性，其效果当然不太理想。所以说在投放网络广告时，一定要明确目标市场，将网络广告投放到适合企业产品推广的页面上。有些广告就必须要在专业网站投放，如关于某新款汽车的广告，放在“汽车专题”栏目下效果可能会更好些。

另外一点，在广告投放时，避免投放在页面下端，最好将广告投放在页面的中上部。因为人们的浏览习惯是从上往下，在浏览的过程中一旦找到感兴趣的内容就点击离开了该页面，能坚持一直看到页面底端的浏览者很少。

②广告投放量要适度。所有广告主都面临“怎样用最少的广告费用获得最大的效用”的问题。在某个特定的网站上投放大量广告，浏览量可能会很大，这其中不乏大量的重复浏览者，因而实际上其受众面并不如投放多个网站大。所以，不能单纯以投放量及浏览次数来衡量广告投放效果。

③广告显示频率要合理。广告显示频率要适中，显示次数太少，浏览者很难记住广告内容，印象浅淡；显示次数过多，广告费用又会大幅增加，而且浏览者很有可能对重复的广告内容产生厌烦感。一般情况，同一广告的内容应根据所要销售商品的特点和广告目标，合理决定显示的时间和次数。

④广告内容要及时更新。对于同一广告创意，如果投放久了，就会造成审美疲劳，多数网友往往只留意最新推出的广告，并且常常看过一次便不再关注，所以对于广告中的创意至少两周更换一次。一般而言，一个广告投放后随着时间的推移，其点击率会逐渐下降，当更换图片后，点击率又会回升。所以，及时更新不失为吸引浏览者的有效方法。尤其是在新品牌的推广上，完全可以通过固定广告位、长期投放来培养用户的浏览习惯，以增强品牌记忆度，但在创意上要有些变化，如色系、背景等。

第四节 APP营销

随着智能手机的发展，移动营销越来越频繁地进入了人们的视野，且得到越来越多的广告主的青睐。其中APP营销作为移动营销的形式之一，自然而然地成了各大广告主进军移动营销的必争之地，也成了移动营销研究领域里一个绕不开的话题。

一、APP营销的定义

APP是英文“Application”的简称，即第三方应用程序。随着智能手机和平板电脑的广泛使用，APP也被越来越多的人所熟悉。而且越来越多的互联网企业、电商平台将APP作为销售的主战场之一。人们将日常生活的大部分时间花在手机上，APP必须下载安装到移动终端上才能使用。目前APP下载量也急剧增加，间接地为APP营销制造了有利的市场。人们逐渐习惯了APP客户端上网方式，现在国内外各大电商也有了自己的APP客户端，APP营销模式慢慢火热起来。

APP营销是商家与客户之间交互的重要渠道，也是连接线上、线下的天然枢纽。目前，APP的应用最主要有两大系统。而主流的APP商店有苹果iTunes的APPStore、安卓的GooglePlayStore、黑莓的BlackberryAPPWorld。所谓APP营销，即应用程序营销，通过利用第三方移动平台发布应用程序来吸引用户下载使用，从而开展相应的营销活动。说白了，APP营销就是指通过特制手机平台上运行的应用程序来开展营销活动，如图6-5所示。

图6-5 APP营销

二、APP营销模式的特点

我们知道传统无线营销，主要是通过电信服务提供商并借助手机媒体进行信息传递，很少用到APP作为传播工具。因此，传统无线营销模式与APP营销模式在营销活动中的表现是有很大不同的，归结起来主要包括以下几方面。

（1）信息传播方式不同。传统手机媒体是以短信为主的传播方式，这种传播方式让消费者被动接收信息，容易让受众产生逆反心理，得到的常常是相反的效果。而APP营销是将产品信息植于应用，供用户主动下载，通过应用传播信息，且没有第三方电信公司的干预。

（2）传播内容不同。传统手机媒体传播的产品信息多半只停留在字面上，或者只有少量图片信息，用户不能全面了解产品，并且这些信息的传递是需要信息发布者和用户双方共同向电信运营商支付昂贵的费用。而现代智能手机 APP 中包含了丰富的图片、视频，用户可以全方位地感受产品。

（3）用户行为差异。传统手机媒体传播的产品信息受众是被动地接收信息，总是在用户不知情的情况下将营销信息强行推送给用户，这样极易激起用户的逆反心理。APP 营销是用户自主选择下载自己能够接受的产品信息，能达到更好的传播效果。

（4）传播周期不同。传统手机媒体接收的短信形式的营销信息常常只在一瞬间打动某些消费者，使之产生购买欲望。因此，这种营销方式的信息传播周期是极其短暂的，很容易在激情消退后被遗忘。然而，基于智能手机 APP 的营销模式则不同，用户下载了一款好的手机应用并对其产生了好感，则相当于有了一个与之长期接触的渠道，很显然，这比单次告知式的传统手机媒体的营销手段具有更加长远的效果。而且好的 APP 往往会在消费者群体中形成良好的口碑效应，这也有助于信息传播范围的进一步拓展，因此延长了传播周期。

三、APP 营销的具体策略

（1）植入广告模式。植入广告模式是营销推广的基本模式，主要通过植入动态广告栏的形式进行广告植入，当用户点击广告栏的时候就会进入网站链接，这种模式操作简单，效果好。在实际操作时应做到以下几点。

①衡量两个维度，选择 APP 植入。在实际操作中，APP 的选择应当遵循两个重要维度——关联度与热门度。在将广告植入某个应用程序之前，企业营销人员必须认真分析，明确营销目的、目标受众以及相关应用程序的用户属性，从而找到与企业目标受众属性相匹配的 APP，以保证广告植入的关联度和营销的精准性。而所谓热门度则是在关联度的基础上，企业营销人员应尽一切可能地选择下载量大、注册用户多、口碑好的应用程序，这样才能精准、广泛、快速地传播信息。

②迎合用户喜好，创新植入形式。在广告植入时，具体的植入呈现方式需要进一步研究消费者的接受习惯和视觉喜好，以便选择具有创新性且目标用户乐于接受的形式。不同的消费者有不同的习惯喜好，对于广大消费者来说，有些注意屏幕最顶端的广告信息，而有些却习惯于欣赏视频缓冲时的对话框信息。而且其表现形式又形形色色，如通栏式、条幅式、视频跳出式、全屏图片式等，很显然不同的表现形式会产生不同的传播效果。企业应根据营销预算、具体信息内容与广告形式做出适合企业需要的恰当选择。

③利用应用平台，优化广告投放。目前，基于各种品牌指标和检测技术进行多重定向的动态广告匹配系统——移动应用广告平台

逐渐兴起。这种广告平台聚集了覆盖三大智能系统的几乎所有的应用程序，因此在整合相关移动技术的基础上可以实现基于终端、时空、行为和兴趣等多重定向的智能广告投放，并能依据效果监测数据，实时调整优化投放策略。事实上，作为衔接应用开发商和广告主的桥梁，移动应用广告平台要能够做到优化配置，减少成本，扩大收益，企业应当充分地利用这类平台，制定更加精准、高效的投放策略。

（2）用户参与模式。在实际的运营中，企业把符合品牌定位的应用发布到应用商店内，供智能用户下载，用户利用这些应用便可直观了解企业的信息。用户是应用的使用者，应用程序成为用户的一种工具，能够为用户的生活提供便利。这种营销模式能让用户了解产品，增强产品信心，提升品牌美誉度。

①多重定向，挖掘用户需求。企业开发自身的 APP 应用程序时，首先要进行目标用户的多重定向，明确目标受众的核心需求。比如，了解用户的行为属性，这主要包括其终端类型、地域特征、兴趣爱好、消费能力等；分析用户的媒体属性，明确其日常所使用的 APP 类型、获取信息的渠道、日常媒体接触点，等等。所以说，企业应在一系列调研分析的基础上，挖掘目标用户的 APP 使用需求，同时结合新产品自身的市场定位、传播目的，确立核心营销目标。

②定制 APP，注重用户体验。对于一款 APP 来说，其成功的关键在于良好的用户体验，品牌 APP 的开发应当在界面设计、内容设置、注册程序等细节上时刻关注用户的使用心理，追求完美的使用体验。

如图 6-6 所示。在整个过程中，企业要以真实用户的身份反复试用、检查 APP 是否具备简洁的使用指南、方便的提示信息，是否有助于用户分享使用心得等。在内容方面可以通过现有资源，充分利用移动新技术，将互动环节以创新、有趣的方式呈现，使用户在愉悦的互动体验中接受品牌的软性营销。

图 6-6 定制 APP，注重用户体验

③互动反馈，增加用户黏性。APP 提供了比以往媒介更丰富多彩的表现形式，实现了前所未有的体验。企业要重视多渠道，完整性地收集用户的反馈信息，以人性化的需求为导向，不断改进用户体验。其实，APP 营销是一个持续不断的过程，企业应不断开发多种类型的 APP，以满足用户不断变化的需求，同时，通过 APP 的定时更新换代来弥补用户对精彩体验的新鲜感的流失。现代人一有时间就会看手机，APP 营销抢占的就是用户的这些零散时间，以不断提升充满刺激性和新鲜感的完美体验来增加用户的使用黏性，达到使其长期主动关注的营销效果。

（3）网站移植模式。将购物网站移植到手机上，用户便可随时随地浏览网站以获取商品信息，在有需要时可随时下单，这种模式的优点是快速便捷、内容丰富，通过很多优惠活动刺激用户购买。

①贴心先行，提供人性服务。作为传统网站营销的有力补充，移动营销的根本其实就是贴心又充满人性的服务。而以移动终端设备为载体，恰恰满足了用户追求方便、快捷的心理需求，企业在进行网站移植模式的 APP 营销时，应当人性化地满足客户需求，结合具体移动终端的屏幕特点，应在终端页面设置上更注重客户移动信息的获取，以及客户使用方便性和友好性体验。

②投其所好，调动参与热情。事实上，网站移植模式的 APP 营销更能契合眼下年轻消费群体的移动生活需求，因而企业后台可以根据用户的喜好不断推出精彩、有趣的活动。例如，网络签到领取奖品，就近推送实用消息，发布打折优惠信息等，从而吸引用户广泛参与、体验活动并分享，这样在互动之中宣传了品牌特性，传播了品牌理念。

③形式创新，整合移动技术。如今随着移动智能终端更多新功能的开发，新颖、独特的营销形式也呼之欲出。企业必须针对目前新型智能移动终端的特点，借助流行的移动新技术，开发出更具创意的营销形式。其实对于 LBS、AR 等移动新技术，完全有必要将其巧妙整合，只有打造集导航、搜索、推荐、点评、分享于一体的新型服务模式，才能让技术优势更好地为创意服务。

四、APP 营销应注意的问题

由于移动通信应用技术的发展和智能移动终端用户的激增，使移动通信网和互联网的应用得以融合，其中展显出来的营销价值也让企业家和营销人意识到，如今借助 APP 应用程序开展移动营销推广的最佳时机已经到来。但是，实际操作过程还得注意以下两点。

（1）用户对手机 APP 的黏度。企业在利用手机 APP 进行营销的整个过程中，有很长一段路是树立企业形象，让消费者对企业产品产生深刻印象。众所周知，所有的企业利用 APP 往往不是单纯地推销产品，而是需要建立与客户的长期沟通与信任关系，进而使消费者对 APP 产生一定的依赖感，我们称之为用户对手机 APP 的黏度。事实证明用户黏度是成功营销的基础，实际上，只要用户不主动删除，一旦 APP 安装到用户的手机里后，品牌就有了对用户不断重复、不断加深其印象的机会。如图 6-7 所示。APP 能被人们高频次地使用，本质上是因为手机 APP 所面对的另一

图 6-7　用户对手机 APP 的黏度

端的人有着主动获取信息，选择便捷方式，进行互动分享，得到社会各方面认可的内在需求。而这里所讲的黏度即是这些需求的外在表现，也正是APP营销价值的体现和保证。打动用户的心，吸引他们的参与是实现这种价值的关键所在，提高用户对手机APP的黏度，需要充分了解用户的心理倾向、使用习惯与接受营销信息的程度等。

（2）用户对手机APP的使用偏好。事实证明营销活动中，发现用户的兴趣或者偏好特征是很有必要的。利用APP营销模式进行营销活动，其直接物质承担者是APP。在软件市场上无论是收费APP还是免费APP，其数量都是庞大的。怎么才能让承担企业营销任务的APP成为用户手机桌面上的宠儿，是值得深入思考的问题。因为一旦企业的APP有幸成为用户手机桌面的常客，那么企业的APP营销便成功了一大半了。

第五节　微博营销

微博，即“微博客”的简称，是博客的一种。是一个基于用户关系的信息分享、传播以及获取平台，用户可以通过web、wap以及各种客户端组建个人社区，通过关注机制分享简短实时信息。

微博的关注机制可分为可单向、可双向两种。微博作为一种分享和交流平台，更注重分享的时效性和交流的随意性。实际上微博客更能传达出每时每刻的思想和最新动态，而博客则更偏重于梳理自己在一段时间内的所见、所闻、所感。

一、微博营销概述

微博的操作使用简单便捷，用户只需一个账号，就可以在微博上发布信息。在微博上，用户完全没有必要担心不能用文字填满一大片空白，140 字的限制甚至可以让用户“随心所欲”；用户不必担心别人说自己的内容不够充实，其实短小精悍的几句话，甚至几个字更能体现出微博的“微”精神；用户还可以通过手机随时随地传送和接收微博信息，缩短了从信息源发布到信息传播的路径和时间。也就是说微博的信息源传播和信息再传播均可实现“零时间”。因为微博可以随时随地迅速发布简短信息，这就使微博具有了很强的实效性和现场感。

此外，用户还可以通过微博客的 API 接口，把信息链接到其他网站上去。微博摒弃了社交网站双向互动的紧密人际关系，而是以单向的跟随关系简化了社交关系。微博中的关注与被关注形成了其独特的信息分享、流动模式。从社会网络的角度来看，很显然这是一种不对称的人际关系，这种不对称形成了微博广播式的信息流动模式。用户可以任意关注他人，而不需要形成双向的好友确认关系。微博简单、便捷的使用特点恰好迎合了现代人快节奏的生活方式。从而使微博迅速兴起，为大众所青睐。如图 6–8 所示。

图 6-8 微博

由于微博是博客的一种，因此微博营销的基本模式也有两种，一个是借助博客内容提升自身博客页面的广告关注率，并获得广告利润。另一个是把博客本身作为传播的产品。例如，一些为提升知名度的网民以及企业，为其品牌在一些知名度大的门户网站开辟博客专栏，通过内容的不断更新实现点击率所带来的关注度的提升。

那微博营销到底做何解释呢？有学者认为，微博营销是指企业或非营利组织利用微博进行信息的快速传播、分享、反馈、互动，从而实现市场调研、产品推介、客户关系管理、品牌传播、危机公关等功能的营销行为。

更有学者认为，目前微博营销的模式更依赖于4C的营销理念，按照市场营销观念的发展给微博下定义。以顾客（consumer）、成本（cost）、便利（convenience）、沟通（communication）作为坐标进行考量。这些学者认为，微博营销就是指在一个特定语境中发布大量相关的、知识性的内容，用户通过内容来与自己喜欢的事物建立深度联系并形成相应的共同社区。

简言之，微博营销就是基于兴趣图谱的社交媒体——微博介质，为达到让产品好卖的目的，微博营销是通过微博平台为商家、个人等创造价值而实施的一种营销方式，也是指商家或个人通过微博平台发现并满足用户的各类需求的商业行为方式。

微博营销的实质就是以微博作为营销平台，每一个听众（粉丝）都是潜在的营销对象，企业通过更新自己的微博向网友传播企业信息、产品信息，从而树立良好的企业形象和产品形象。如果能够做到每天更新内容，就可以跟大家交流互动，或者发布大家感兴趣的话题，以此达到营销的目的，这种方式就是新兴的微博营销。分享价值、交流内容、设定系统、精确界定是微博营销所注重的方式和特色。

很显然，微博营销方式注重价值的传递、内容的互动、系统的布局、准确的定位，如今微博的火热发展也使得其营销效果尤为显著。其涉及范围包括认证、有效粉丝、朋友、话题、名博、开放平台、整体运营等。因而与博客营销是有一定的差异的，因为微博营销依赖的是社会网络资源，而博客营销却可以依靠个人的力量。所以说人气是微博营销的基础，没有足够的粉丝是很难聚集人气的，相应也就很难成功开展微博营销了。

二、微博营销的内容

菲利普·科特勒认为，成功的营销管理是由一系列任务组成的，包括开发营销战略和计划、与顾客密切联系、打造强势品牌、开发市场供应物、传递传播价值和监控绩效，以及创造长期而成功的增长，等等。如此划分以后，除去内部因素，便可将营销内容归纳为市场调研、产品推介、客户管理、品牌塑造、危机公关5个主要方面，并以此探析微博营销的内容，即微调研、微产品、微客服、微品牌、微公关。

1. 市场调查和产品开发的新工具之微调研

一般而言，市场调查初期都是通过问卷调查、人工调研、购买数据等方式进行的，而微博的出现为市场调研提供了一个便利、高效的调研工具。因为企业完全可以通过微博庞大的数据对市场规模、消费者偏好等进行分析评估，进而为决策提供帮助。

就企业而言，创新是一把双刃剑，成功可以为企业带来可观利润，失败则会给企业带来巨大的经营风险。对企业来说，如果在开发新产品之前就能够充分了解市场需求，那就可以有效降低创新风险。事实说明，微博的出现为企业开展前期市场调研开辟了新的有效阵地。

2. 产品推广销售的新平台之微产品

任何产品销售，都需要广而告之，微博作为一个平台型媒体，广而告之的功能异常突出，因为微博可以通过文字、声音、视频、图片、搜索等多种形式展示企业产品，难怪有专家将微博比喻为营销航母。有关资料显示，目前大多数企业已经用微博直接发布营销产品、经营活动信息和向消费者推荐产品。而且每个企业都有庞大的粉丝群，如此多的粉丝必定会对产品信息造成二次或多次传播，其广而告之的效果不言而喻。有的企业甚至直接与客户通过私信的方式在微博上完成产品的销售。

3. 全天候的客户服务之微客服

网络交流时代有别于传播时代，原因在于在生意的最前沿，与客户互动交流的公司正以更快的速度做出更多的决策。微博便捷、即时的特性使其具备了全天候、面对面、一对一或一对多等服务特性，亦使其成为当前企业客户关系管理的最佳工具。据有关资料显示，微博客服人员可以提供咨询、售卖、跟踪等贯穿于售前、售中、售后全过程的服务。同时企业还将生活中的一些理念发布出来，在网友面前展示了企业人性化的一面，从而拉近企业与客户的心理距离。目前在微博平台的众多效应中，客户维护已经受到越来越多营销人员的重视。

4. 品牌管理的有效利器之微品牌

品牌化一直扮演着将某一生产者的商品区别于其他生产者商品的角色，因而品牌也就成为企业核心竞争力的重要组成部分。企业打造并维护品牌历来就是营销人员最为关注的问题之一。消费者对品牌的认知需要一个过程，在这期间，营销者需要与消费者建立起足够有效的沟通互动关系，而微博是承载这一关系的绝佳平台。企业完全可以通过微博关注目标人群的信息、了解目标市场的需求动态，进而为构建品牌定位提供参考。在品牌建立之后，企业可以凭借微博自身强大的传播力，有效提高品牌的关注度和知名度。例如，在新浪微博平台，戴尔在注册了“@戴尔中国官方”微博之后，还陆续开设了“@戴尔中小型企业”“@技术中心社区”“@戴尔公益”等数个官方微博，这都大大增加了企业直接与消费者交流的机率。

5. 化危为机的新渠道之微公关

只要有经营，就有出现危机的可能，危机是企业经营过程中不可避免的问题。一直以来，企业经常通过在媒体刊登致歉信、召开新闻发布会等形式处理危机。实践证明，微博的出现为企业处理公关危机提供了新的渠道。正是微博的即时性特征，才使企业在危机发生后的第一时间就可以得到真相，有效打消因信息发布滞后导致的公众质疑。当然，如果企业能够妥善处理危机，微公关还可以帮助企业渡过难关，转危为机，将面临的危机转化为塑造企业品牌的良好时机。

三、微博营销策略

衡量微博营销是否成功的重要指标就是能否拥有一定数量的粉

丝群。粉丝数量是一个综合指标，粉丝数量越多，在某种程度上意味着微博营销总体上做得不错。因此微博营销策略就是如何增加粉丝数量，为此必须做好以下几点。

1. 微博功能定位

无论是企业还是个人，都可以注册多个微博账号，每个账号各司其职。一个微博账号既可以承担相对单一的功能，也可以承担多个功能。比如说企业比较大，那么除了建立一个专门用于公共关系的微博账号外，建立多个部门微博账号也是可取的。一般来说，一个微博账号可以承担新产品信息发布、品牌活动推广、事件营销、产品客服、接受产品用户建议与反馈、危机公关等多项功能角色。

2. 建立多账号链式传播系统

微博营销就是要建立一个让自己发挥影响力的平台，并建立链式传播反应系统，很明显，这个系统需要一个账号矩阵，一些成熟的微博运营企业一般都会建立完善的微博矩阵。

当然，企业在建立账号矩阵前，一定要搞清楚自己微博的定位和功能分类，即必须明白到底是为了促进和改善销售、品牌传播，还是为了搞好客户管理和公共关系。如果功能定位不明确，不仅不能形成有力的微博矩阵，就连主微博的运营都会出现问题。这是因为微博的内容更新、活动策划、粉丝互动都要根据微博本身定位来运作。

其实，微博是一个破碎的世界，它之所以能够发挥如此大的影响力，是因为有一些内在的东西将碎片重新组合，而这种重新组合实际是对人群的重新划分，而且是精准划分，即因兴趣而组合。所以微博营销的职责之一，便是重新划分人群并对他们施加影响力。这也正是小号的职责所在。

3. 创意策划使内容有价值

微博作为社会化的自媒体，也是基于社会化的认同才建立起彼此关注的网络，用户关注企业的前提是他觉得可以获得价值，这种价值也许是对企业品牌的认可，产品服务的喜欢，或者是对企业微博内容的欣赏。因此微博仍然是以内容为主，那么在实践中究竟该如何做好内容营销呢？实践证实，以下几类内容会使互动效果事半功倍：情感类；新鲜类；实用类；娱乐类；消遣类；通用话题。其中一些可做为独立的内容，也就是一个微博只发这一类内容也可以，而有些内容不适合独立做一个微博，需要集中内容相互调剂才行。

然而无论企业将微博定位成为品牌传播，还是连带销售，企业所有的意图都是通过文字来表达的，互联网口碑营销的不同之处在于它并非声音而是文字传播。所以微博的内容首先应该是目标客户群最爱看的内容，这一点的重要程度不言而喻。若拿粉丝当孩子，那微博内容就是孩子的“粮食”，要留住孩子，要让他爱你，企业就要做到微博内容对胃口、有营养、够创新。

第六节 QQ 营销

所谓 QQ 营销，就是在 QQ 即时通信平台的基础上，通过海量的 QQ 用户，专为企业用户量身定制的在线客服与营销平台。它致力于搭建客户与企业之间的沟通桥梁，充分满足企业客服稳定、安全、快捷的工作需求，为企业客户服务和客户关系管理提供解决方案，同时帮助企业拓展并沉淀新客户，提高在线沟通效率，从而为企业拓展更多商机，实现网络推广的目的。

QQ 营销也是一种网络推广，是企业营销战略的一个组成部分，是建立在互联网基础之上并借助互联网特性来实现特定目标的一种营销手段。

一、QQ 营销模式的构建

QQ 营销模式，其实就是利用 QQ 好友（群）、QQ 空间、微博、邮箱等软件的功能及相关知识，并选择恰当的推广方式，进行企业网络推广，如图 6-9 所示。

1. 前期准备

（1）先申请 QQ 账号，再完善 QQ 账号的相关资料。

图 6-9 QQ

（2）在 QQ 空间上发表关于企业活动信息的网络日志，并用各种方法各种途径在网上分享。

（3）在 QQ 上寻找目标客户和客户群，并发送相关的企业活动信息。其具体操作步骤为：①找人（可按关键字、昵称等在 QQ 或搜索引擎上查找）。②找群。

（4）通过 QQ 好友（群）、QQ 空间、微博、邮箱等进行企业信息、产品发布与展示，注重吸引客户和客户群的关注，从而开展网络推广。

2. 实施步骤及方法

构建 QQ 营销，具体实施步骤大致如下：

（1）登录 www.qq.com 网站，下载安装 QQ 软件，运行 QQ 软件。申请新的 QQ 账号或输入已有 QQ 账号及密码并登录。完善 QQ 的相关资料，开通 QQ 空间、微博、邮箱等。

（2）在 QQ 空间动态上（我的说说）发表如“食代世家——美食新天地！欢迎你的到来，你会有意外惊喜的哟”文字。点击发表之前，在可见范围选择“所有人”。

（3）在 QQ 空间主页上发表推广信息日志，并复制该信息链接地址分享到好友圈、空间和微博上。

（4）打开 QQ 的“查找”功能，添加新 QQ 好友（群），查找有关自己所需的服务、人、群等信息，并加入，发展壮大用户群体。

一个值得借鉴的方法就是加群主为好友，通过多方沟通，建立信赖感。在加入方法上注意，尽量私聊拉人进入、渗透群与群主的合作、自建群扩大影响。具体实施时的注意事项及操作方法如下。

在选 QQ 群时需注意下面几项：①选群时尽量选择与自己产品匹配的群，不要盲目地去加群，即先找到适合自己的群。②尽量找一些人数多的群加入。③不活跃的群不要加，这充分表明群成员对群没有感情，加入这样的群，发表的信息无人响应，浪费群名额。④远离同行，全员同质化严重的群不要加。如图 6–10 所示。

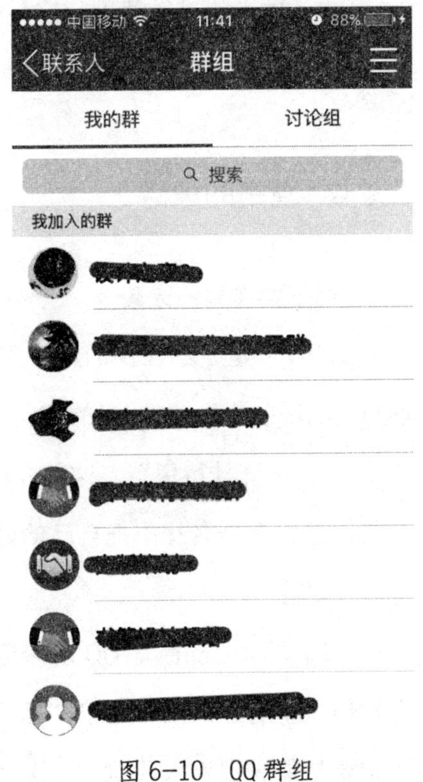

图 6–10　QQ 群组

加入群时可采用的基本方法有：①审批信息先感谢（例：小弟请求加入！谢谢！）。②朋友介绍加群（例：我是朋友介绍来的……）。③不同的 QQ 号加不同的群（一个人可以拥有多个 QQ 号码）。④拒绝的群隔天继续加，第二次加尽量用不同的昵称。⑤保持天天加群。

（5）通过 QQ 好友圈或 QQ 群发送一个链接邀请他们来 QQ 空间点阅，应该注意的是，空间必须要有较多的有关产品、企业的文字信息、相片或视频等资料供查阅。

（6）进入 QQ 邮箱，给 QQ 好友圈或 QQ 群发邮件，介绍有关产品、企业的信息。同时发送有关 QQ 空间主页的链接地址。

（7）进入腾讯微博进行广播或向朋友发送微博。或者利用 QQ 状态语（自动回复）开展网络营销。

二、QQ 营销的策略

1.QQ 群营销的方式

在 QQ 群里，赤裸裸的广告轰炸，并不能获得好的营销效果，QQ 群营销更需要一种间接的方式。

（1）“守株待兔”。这种方式实际上就是把自己的群名片改成广告信息，在群名片中把自己的姓名、业务、联系方式、公司介绍等详实填写。

（2）“QQ 表情”。QQ 表情是大家经常使用的，在实际操作中，不妨做一些有趣的附带自己产品或服务信息的 QQ 表情，这个表情一定要是能吸引别人收藏或转发的，如果一个 QQ 表情别人看了觉得没什么意义，他就不会收藏、转发，也就达不到营销的目的了。

（3）“助人为乐”。助人为乐式是指平时在群里积极地回答别人的问题，尽可能地帮助别人。时间一长，相信不仅会让对方记住你，还会对你产生好感，当信任产生了，也就有了营销的机会。

（4）“转发”。信息直接出现姓名、电话，显得真实，让人找不到疑点，然后利用人们的同情心理，转发一下也很容易，如此也能达到信息传播，实现产品推销的目的。

（5）“揭密”。这种方式，可能是以文字的形式出现，也可能以图片的形式传播，其内容都是揭示一些内幕性的信息，很吸引人眼球，可达到正面宣传自己的目的。

2.QQ 群沟通方式方法

一个安静如水的群，其实是发挥不出什么作用的，群发广告，除了天时地利人和，重点是广告定位与广告技巧，也就是说发广告而让人感觉不像是广告而是诱惑，这是最高境界。一般来说，学习群可以做讨论、培训形式；产品群可以定期提供活动推广服务；服务群则可以提供服务资讯；交友群则需要创造良好的交友氛围，等等。对于不同的群，应采用不同的沟通方式方法。采用的方法需要根据群的特点来选择。

有了群，还需要维护，平时要定期组织相关话题讨论，通常话题开展初期都会有不顺利的时候，但是长期坚持下去，让群众形成习惯，慢慢就会有一定的人气。进群重要的是获取一些群信息，对自己的专业及业务开展都有好处。进群后除看群名片外，还可以看一下群之前的聊天记录、共享文件、群活动，这样可以对群有初步的了解。比如群通讯录，分类整理到自己的联系列表中，可以下载群里面共享的对自己有用的资料，可以从历史聊天记录中寻找与自己业务相关的群成员。

在日常的群内互动时，重点是群内发言时掌握好时机，如果群里的话题自己刚好很熟悉，就发表自己的专业见解或意见；如果是自己主动发言，一定要发布比较新鲜的与群相关的信息，如有链接，在链接前说明主题内容，也可以在群共享、群图片中分享一些群成员感兴趣的行业、职业、业务方面的文章、图片等；如果公司有比较重要的活动，除可通过聊天发言宣布外，群共享、群图片，甚至群发邮件都是很好的传播方式，如有确实对群成员有益及非常需要的信息，可联系群主发布群公告，这样的宣传效果就更好。事实上，每一次发言，每一次分享，你的群名片都会出现一次，这无疑是很好的宣传展示机会。

在群里发言虽然理论上大家都可以看到，但实际中，常常由于信息太多而被淹没。这就需要群成员间直接的沟通。遇到与自己业务相关的潜在客户、供应商、行家高手、热心且人脉广的群成员等最好的方式是申请加为好友，然后利用私下一对一的沟通、群里组织的活动、甚至跟对方私下约会等方式进一步互相认识，甚至成为真正的朋友，即使你只交到了那么一两位朋友都可能比你加十个、几十个群，发几千次言有价值。

3. 建立信任

很多人在QQ群中发私聊，发讨论组，发群邮件都没有人回复，其实这特别正常，注意千万不要盲目去行事，需要掌握一套QQ群营销话术。

第一，发广告。现在 QQ 群里到处都能看到发广告的群成员，大家都反感。那就要掌握几种好的推广技巧。

技巧一，先求感情，再追效果。所以 QQ 推广是一场长久的战斗，感情不是一天两天培养出来的。技巧二，少发、精发。现在的 QQ 推广的硬性广告越来越多，让大家极为反感。所以在实际操作时要特别留意。技巧三，利用群公告、群共享、群空间。在群公告那一栏，会有一个图片显示，这是最新上传的图片展示，所以完全可以利用这个技巧，来展示产品的相关信息。另外在群共享当中放一些自己的分享资料，这个就需要自己持续不断地关注了。

依照上述方法，加入几十个上百个群，再设定每天发布广告群的次序，然后坚持每天发布，长期下去，就会得到很多认同。

第二，发邮件。群邮件也是一个很好的方法，免费的邮件不仅可以通知到 QQ 好友，而且转化率还高。但每天不要发超过 7~8 个群，否则会让人反感。

第三，发 QQ 日志。根据自己的行业经验以及理论知识撰写一些精彩的软文日志分享给 QQ 好友，在分享的同时做好推广宣传，多分享好的文章、图片、视频，引起关注，定能达到预期的目的。

第四，在 QQ 相册里上传图片。大家想想自己在进入一个陌生人的空间后最想做的是什么？当然是进入这个人的相册，看一下他的真实面目。基于大家的好奇心，可在自己的相册中加上几个关于自己公司或是产品的图片，打上自己公司拥有的 LOGO，这样的图片一定能起到好的宣传效果。在 QQ 群相册中也可上传一些生活照、公司或产品的图片，如图 6-11 所示。

第五，QQ 留言。平常可以加一些名人的 QQ，或关注度高的 QQ，给其留言或对其发表的文章加以评论，如此一来我们就能借助他人高流量的空间，间接地推广自己的公司或产品，达到营销的目的。

图 6-11　QQ 群空间中上传图片